Ann Klee

Sündige Abgründe
Ein Sylter Paul-Haverbeck-Krimi

Ann Klee

Sündige Abgründe

Ein Sylter Paul-Haverbeck-Krimi

Rediroma-Verlag

Bibliografische Information der Deutschen Nationalbibliothek:
Die Deutsche Nationalbibliothek verzeichnet diese Publikation in der Deutschen Nationalbibliografie; detaillierte bibliografische Daten sind im Internet über http://portal.dnb.de abrufbar.

ISBN 978-3-98885-428-5

Umschlaggestaltung: Ann Klee
Fotos: Talsichtfotografie Thomas Sauer

www.rediroma-verlag.de
13,95 Euro (D)

Nur die See kennt alle Sünden

„Sündige Abgründe“

Vorgeschichte „Feuer auf Fehmarn“

Eigentlich wollte Oberkommissar Paul Haverbeck, seine Dienstzeit auf Sylt, bis zur Pensionierung, mit Entspannung verbringen.

Die Großstadtkriminalität aus seiner Kieler Zeit, hinter sich lassen.

Aber erstens: Es kommt anders und zweitens: Als man denkt….

In Kampen wird er mit dem brutalsten und schwierigsten Verbrechen seiner Laufbahn konfrontiert: dem acht Jahre zurückliegenden Tod seiner Ehefrau Sarah.

Rika Joken, seine einstige Kollegin aus Kiel und sein Kollege und Freund Hinnerk Rauch werden mit in den Strudel der Vergangenheit gerissen.

Zerstückelte Leichenteile und Fahrerflucht gipfeln in einer Entführung…

Können die beiden alten Damen Hetty und Adele, etwas Licht in die dunkle Vergangenheit bringen, wie sie es schon des Öfteren getan haben?

Dies wird Paul Haverbecks schwierigster Fall auf der schönen Insel Sylt.

....................Personen......................

Paul Haverbeck, Oberkommissar, wohnhaft Amselweg in Westerland

52 Jahre alt
Hat sich nach dem Tod seiner Frau von Kiel nach Sylt versetzen lassen.
Seine Frau Sarah verstarb nach einem Autounfall.

Rika Joken, Kommissarin

48 Jahre alt, wohnhaft in Fehmarn
Ehemalige jahrelange Partnerin von Paul in Kiel.
Ließ sich nach Pauls Weggang von Kiel nach Fehmarn versetztzen.
Nach dem grausamen Tod von ihrer Halbschwester auf Fehmarn, der Fall der sich mit Hilfe von Gerrit, Paul und Hinnerk aufklärte, überlegt sie den Polizeidienst zu quittieren und zu Paul nach Sylt zu ziehen.

Hinnerk Rauch, Kommissar, wohnhaft Breslauer Straße, Westerland

33 Jahre alt, Mutter in der Kindheit verstorben, Vater vor zwei Jahren verstorben.
Wurde mit von seinen Tanten Hetty und Adele aufgezogen.
Pauls Protegé und guter Freund.
Helles Köpfchen, sehr eifrig im Polizeidienst.

Dr. Gerrit Moor, wohnhaft Hamburg

45 Jahre alt
Anerkannter Pathologe aus Hamburg, arbeitet mit dem LKA eng zusammen.
Liiert mit Lene Bilderstedt aus Wilhelmshaven, seit eines Falles in den Gerrits Bruder Hauke verwickelt war.
Kommt gebürtig aus Jever.

Dr. Lene Bilderstedt, wohnhaft Wilhelmshaven

38 Jahre alt
Pathologin in der Gerichtsmedizin Wilhelmshaven.
Liiert mit Gerrit Moor.

Dörthe Dorfberger, Polizeiobermeisterin, wohnhaft Graf-Spee-Straße

27 Jahre alt
Wache Westerland.
Heimliche Liebelei mit ihrem Kollegen Sören, was auf der Wache aber nicht bekannt ist.

Sören Januschek, Polizeiobermeister, wohnhaft Henning Straße

29 Jahre alt, heimlich liiert mit Dörthe, was er am liebsten bekannt machen würde.
Gut in der Recherche bei schwierigen Fällen

Adele und Hetty Nordmann, wohnhaft Klein Morsum in der Villa Orchideenhügel

Hinnerks Tanten aus Klein Morsum, da Adele in der Jugend mal mit Hinnerks Vater liiert war…
77 und 75 Jahre alt

Pensionierte Lehrerinnen die Hinnerk und Paul schon mehrmals geholfen haben.
Hobby Orchideenzucht und Kochen.
Hinnerk besucht sie immer Donnerstags zum Essen, Paul Haverbeck schließt sich gerne bei den Besuchen an.

Fynn Pedersen aus Rømø

Dänischer Polizist der Paul und Hinnerk hilft und langjähriger Freund von Hinnerk Rauch

Vorgeschichte

„Feuer auf Fehmarn“

Paul Haverbeck fuhr auf die Fehmarnsundbrücke zu.

Die Sonne schien hell und der Himmel leuchtete in einem gleißenden hellblau.

Ein paar weiße Zuckerwattewolken schwebten über den Horizont.

Ein perfekter Frühsommertag, der die Ostsee im besten Licht erstrahlen ließ.

Der erste Urlaub, seit er sich von Kiel auf die Insel Sylt hatte versetzten lassen.

Er überlegte schon lange, ob er sich im Urlaub in den sonnigen Süden begeben sollte, oder seine alte Arbeitskollegin, Kommissarin Rika Joken, auf Fehmarn besuchte.

Letztendlich hatte sein Freund Gerrit Moor die Entscheidung für ihn getroffen.

Gerrit wollte mit seiner kleinen Segeljacht 14 Tage in Heiligenhafen vor Fehmarn verbringen.

Ein-zwei Wochen unter alleinstehenden Männern, gepaart mit einem Besuch von Rika, das konnte den Urlaub nicht allzu langweilig werden lassen.

In drei Tagen würde auch noch sein Freund Hinnerk, aus Sylt, dazustoßen und sie konnten sich eine angenehme Auszeit nehmen.

Keine Rede von der Polizeiarbeit und dem Beruf, nur der Grill und etliche Bierchen würde sie begleiten.

Außerdem wollten sie mit Gerrits Yacht ein paar Stunden auf der Ostsee verbringen.

Es wurde an der Zeit, dass sie alle mal auf andere Gedanken kamen.

Die letzten Monate waren anstrengend, mehrere Mordfälle hatten sie in Atem gehalten und zur Zusammenarbeit gezwungen.

Außerdem freute Paul sich auf Rika, nach dem Tod seiner Frau vor einigen Jahren, hatte er sie nicht mehr gesehen.

Noch immer alleinstehend, lebte sie so wie er nur noch für ihren Job.

Ihr letzter langjähriger Freund war eine herbe Enttäuschung gewesen.

Das erzählte sie Paul in einem zweistündigen Telefonat vor drei Wochen.

Sie hatten gemeinsam viel gelacht, bei diesem Gespräch.

Das erste Mal, nach einer langen Zeit, wünschte er sich wieder eine Frau an seiner Seite zu haben.

Jetzt freute er sich auf die Begegnung mit ihr, eine angenehme Zeit mit seinen Freunden.

Einfach ein paar gelöste Tage zu verleben, bevor er sich wieder auf die anstrengende Polizeiarbeit in der Hauptsaison auf Sylt stürzte.

Das Ferienhaus, was sich die drei Männer ausgesucht hatten, lag in dem 76 Einwohner Örtchen Staberdorf.

Drei Schlafzimmer, ein großer Garten und Blick aufs Wasser.

Den Strand in der Nähe und drei Fahrräder, machten das Domizil perfekt.

Hier konnten sie einen wunderbaren Männerurlaub erleben, und er wollte auch ein wenig Zeit mit Rika verbringen.

Dieser Urlaub würde ihn aus seiner Einsamkeit und dem gewohnten Leben herausholen, so alt war er noch nicht, um allein zu versauern.

Er war Anfang Fünfzig, hatte noch bestimmt zwanzig gute Jahre vor sich.

Die wollte er nicht nur mit Freunden und Polizeiarbeit verbringen.

Seine Laune war bestens, als er über die Brücke fuhr, noch ein paar Minuten und er würde sich unter die Dusche im Ferienhaus stellen.

Die fünf Stunden Fahrt waren doch anstrengender geworden wie gedacht.

Viel Verkehr und einige Unfälle hatten die Fahrtzeit um eine gute Stunde verlängert.

Gerrit würde schon da sein, er hatte nur zwei Stunden Anreise von Hamburg.

Hinnerk würde spät abends übermorgen losfahren, wenn alles nach Plan lief.

Die Yacht des Pathologen lag schon seit drei Wochen in Heiligenhafen, das war der Stammplatz über den Sommer.

So konnte Gerrit an arbeitsfreien Wochenenden, mit dem Auto in knapp 90 Minuten Fahrt, ein wenig Freizeit auf dem Wasser genießen.

Haverbeck war nicht unbedingt ein Freund des Segelns, meistens wurde ihm schlecht, wenn der Wellengang etwas stärker war, aber mit Reisetabletten würde es schon gehen.

Gerrit hatte versprochen, auf das Wetter zu achten, wenn sie aufs Wasser wollten.

Im Radio lief ein englischer Song über den Segelsport, passend zu den Gedanken von Haverbeck.

Er drehte lauter und summte gutgelaunt mit.

Die letzten Kilometer nach Staberdorf, fühlte er sich wie ein Teenager vor dem ersten Urlaub ohne Eltern.

Es würden fantastische Tage werden.

Noch konnte er nicht ahnen, dass auch hier die Arbeit sie einholen würde, die Ereignisse sich überschlugen und sie Hals über Kopf, in einem mehrfachen Mordfall stecken würden.

Gerrits Jeep war noch nicht zu sehen, also nahm er seine sperrige Reisetasche aus dem dunklen Kombi und suchte den Schlüsseltresor.

Rechts neben dem Eingang hing der kleine Kasten, den Tresorcode bewahrte er auf einem Zettel in seiner Hosentasche.

Nachdem er aufgeschlossen hatte, stellte er fest, dass das Haus so war wie gewünscht.

Eine riesige Küche mit modernster Ausstattung, Kamin im Wohnzimmer und eine Sauna am Hinterausgang.

Die Gartenanlage war gepflegt und ein ausladender Gasgrill glänzte auf der Veranda.

Freudig rieb sich Haverbeck die Hände, er würde gleich Einkaufen fahren, nachdem er unter die Dusche gesprungen war.

Ein gutes Steak vom Grill und ein kaltes Jever heute Abend, würden den ersten Urlaubstag perfekt machen.

Ein Motorengeräusch war zu hören.

Gleich darauf das Schlagen einer Wagentür, der Gong am Eingang, zeugte von Gerrits Ankunft.

Haverbeck eilte zurück ins Haus, um dem Freund die Tür zu öffnen, in dem Moment summte das Handy an seinem Gürtel.

Er riss die Haustür auf und nahm gleichzeitig das Gespräch entgegen.

Ein lächelnder Gerrit Moor in Shorts, T-Shirt und Sonnenbrille vor ihm, Paul sagte atemlos:
„Hallo Rika…. Ja wir sind da, zumindest Gerrit und ich.
Klar, komm doch zum Abendessen nach Staberdorf, sagen wir um halb acht?“

Entschuldigend sah er seinen grinsenden Freund an, zuckte mit den Schultern.
„Ich hoffe, es ist dir recht, Alter.
Schön, dich zu sehen!
Wie war deine Fahrt?
Das Haus ist super, so wie wir es gehofft hatten…“
Gerrit Moor lachte über seinen aufgekratzten Freund und schnappte sich seinen Seesack neben ihm.
Er war begeistert, Paul so zufrieden und glücklich zu sehen.
Seine Stimmung steckte an, auch er freute sich auf einen entspannten Urlaub ohne seinen Job, er wollte mal ein paar Tage ohne Leichen verbringen.
Auch wenn er seinen Job als Pathologe in Hamburg mit Hingabe nachging, war eine Auszeit von Tod und Mord, die beste Abwechslung in diesem Jahr.

Auch er konnte nicht ahnen, dass in ein paar Stunden seine Anwesenheit als erfahrener Pathologe mehr als willkommen sein würde…

Polizeikommissarin Rika Joken betrat die Wache in der Kaestnerstrasse.

Der Frühsommer hatte heute begonnen, bestes Wetter, zeitgleich mit der Anreise ihrer ehemaligen Kieler Kollegen, Paul Haverbeck.

Sie war guter Laune und freute sich auf ein Wiedersehen.

Nach dem kurzen Telefonat mit ihm vor zehn Minuten, hatte sie spontan beschlossen, ihre Überstunden abzufeiern.

Sie würde zum Friseur gehen, um ihre dunkelblonden Locken stutzen zu lassen und sich vielleicht auch noch ein neues Outfit gönnen.

Allzulange hatte sie auf ihr Äußeres schon keinen Wert gelegt, aber heute Abend wollte sie hübsch aussehen.

Paul war immer schon in Kiel ein heimlicher Schwarm von ihr gewesen, aber als glücklich verheirateter Mann absolut unerreichbar.

Seit mehr als acht Jahren war er nun Witwer, sie hatte ihn nie vergessen.

Das letzte Treffen war kurz nach dem Unfalltod seiner Frau auf der Kieler Wache.

Voller Trauer und Sorge um ihren Freund, hatte sie ihn umarmt.

Das erste und einzige Mal, wo sie seine Nähe körperlich gefühlt hatte, und das Bewusstsein, dass sie niemals einen anderen Mann mehr wollte als ihn.

Sie würde warten, egal wie lange es dauerte, bis es ihm besser ginge und er den Tod seiner Frau verwunden hätte.

Rika wusste, dass die Zeit alle Wunden heilte, aber ein paar Monate später, hatte sich ihr Kollege auf die Insel Sylt versetzen lassen.

Sie war geschockt und traurig, reichte ebenfalls ein Versetzungsgesuch ein, in der Hoffnung, dass auf der Insel mehrere Stellen vakant wären.

Zu ihrer Enttäuschung war sie nach Fehmarn versetzt worden, wenigstens war es auch eine Insel.

Alle paar Monate hatte sie Haverbeck mal eine E-Mail geschrieben, die Trauer hielt ihn umfangen, seine Seele litt und nach und nach, schliefen ihre Bemühungen Kontakt zu halten, ein.

Umso erfreuter war sie, als sie vor mehreren Wochen eine kurze Mail von Haverbeck in ihrem Posteingang fand.

Er wolle Urlaub machen und frage sich, ob sie noch auf Fehmarn im Dienst war.

Rika hatte nicht allzu euphorisch reagiert, sondern eher zurückhaltend, ihm erst einmal vorgegaukelt, dass sie einen Freund auf dem Festland hatte.

Er musste nicht wissen, wie einsam sie lebte, und dass außer ihrer Stiefschwester, die mittlerweile auch auf Fehmarn wohnte, ihre Arbeit der Mittelpunkt ihres Lebens war.

Jetzt würde sie ihn wiedersehen, nach etlichen Jahren und sie fragte sich, wie er nun aussehen mochte.

Sie hatte sich verändert, war schlanker geworden, da sie jeden Tag acht Kilometer joggte.

Ihre Haare trug sie nun halblang statt raspelkurz.

Einige männliche Kollegen hatten im Laufe der Zeit ihr Glück versucht, bei Rika zu landen, aber alle blitzten ab.

Das hatte ihr auf der Wache den Spitznamen „die eiserne Jungfrau“ eingebracht, aber sie vertrat vehement die Meinung, Arbeit und Privates sollte man nicht vermischen.

Es gab nur einen Mann, mit dem sie ihr Leben und ihre Arbeit teilen wollte, auch wenn er in ihren Augen nie davon erfahren sollte.

Jetzt würde sie ihn treffen und alles sollte perfekt sein.

Nach dem Friseurbesuch gönnte sie sich in der Boutique gegenüber, eine neue Jeans und ein blassblaues Seidentop.

Auch ein paar neue Sneakers, nebst passender Schultertasche, nahm sie mit.

Sie würde sich besser fühlen in schicker, moderner Kleidung. Er sollte nicht denken, dass sie ein Mauerblümchen geworden war.

Ihren Spitznamen kannte er ja nicht und so sollte es auch bleiben.

Um 18 Uhr nahm sie eine schnelle Dusche und zog ihr neues Outfit an.

Nachdem sie ihre Haare gebürstet hatte und ein dezentes Make-up auflegte, begutachtete sie sich kritisch im Spiegel an der Garderobe.

Ohne Zweifel fand sie sich nicht hässlich, für ihre 48 Jahre, konnte sie sich durchaus noch sehen lassen.

Es war kurz nach 19 Uhr, als sie einen Hauch ihres Lieblingsparfüms aufsprühte und aufgeregt das Haus verließ.

Der Weg nach Staberdorf war nicht weit, ihre Aufregung wuchs.

Haverbeck war einkaufen gewesen und Gerrit bereitete den gemischten Salat zu.

Die Wanduhr zeigte kurz vor halb sieben und am Horizont senkte sich langsam die Sonne.

Sie teilten sich die Aufgaben für das Abendessen und Haverbeck hatte den Tisch auf der Terrasse hergerichtet.

Es wurde kühler und ein angenehm leichter Wind wehte durch den Garten.

Die hohen Ziergräser an der Sitzecke raschelten und der Lufthauch brachte den Geruch der Ostsee vom Strand herüber.

Eine Möwe schrie über ihm…

Zufrieden betrachte er sein Werk, sogar Servietten und Teelichter, er hatte an alles gedacht.

Nun würde er sich umziehen.

Im Schlafzimmer nahm er sich eine saubere Jeans und ein weißes Shirt, und schlüpfte hinein.

Er wollte jung und frisch aussehen, seine Zeit der Trauer und ewiger Düsternis sollte vorbei sein.

All die Jahre hatte er gelitten, aber er wollte zurück ins Leben.

Er hatte Gerrit von Rika erzählt, dass sie jahrelang Partner gewesen waren.

Durch den Tod seiner Frau, hatte er sie aus den Augen verloren und die Jahre danach, war er in Traurigkeit und Stumpfsinn verfallen.

Seine Bewunderung für die taffe Kollegin, hatte er nicht verhehlt, auch nicht, dass er es bereute, den Kontakt nicht regelmäßig gesucht zu haben.

Das Telefonat mit ihr, hatte ihn zum ersten Mal wieder fühlen lassen, wie sehr er eine Frau an seiner Seite vermisste.

Gerrit hatte ihm ruhig zugehört und hier und da verständnisvoll genickt.

„Paul, ich kenne das.

Nur der Beruf zählt und irgendwann ist man drin, in diesem Trott, der nichts anderes zulässt.

Aber es ist nie zu spät etwas zu ändern, ich habe es auch geschafft.

Seit ich mit Lene zusammen bin, ist die Welt ein bisschen farbiger geworden und sie hat das Glück in mein einsames Leben gebracht.

So jemand wünsche ich dir auch an deiner Seite, vielleicht ist es ja Rika, wer weiß das schon?"

Seit er Lene kennen gelernt hatte, bei einem Fall in Wilhelmshaven, hatte sich ein Band geknüpft, das er festhalten wollte.

Gerrit wusste, dass es im fortgeschrittenen Alter nicht mehr so einfach war, eine Partnerschaft einzugehen.

Man musste Kompromisse schließen, wenn es funktionieren sollte, wollte man nicht als beziehungsunfähig in totaler Einsamkeit versinken.

Er war auf dem besten Wege, das gemeistert zu bekommen, warum sollte Haverbeck das nicht auch können?

Der kam gerade aus dem Schlafzimmer und duftete nach Rasierwasser, seine Augen strahlten, wie die eines Kindes, er wirkte aufgeregt, aber auch glücklich.

„Du siehst gut aus, Paul.

Das wird schon… Nicht zu nervös, das fällt auf, versuch, ruhig und souverän zu wirken.

Wir sind keine zwanzig mehr!“

Ermutigend klopfte er dem Freund auf die Schulter, in diesem Moment ertönte der Gong vom Eingang her.

Haverbeck zuckte zusammen und schluckte den Kloß im Hals herunter.

Gerrit war schon an der Tür, er hörte seine Stimme.

„Du musst Rika sein, Paul schwärmt in den höchsten Tönen von dir.

Er freut sich sehr, dich wiederzusehen.

Ich bin Gerrit Moor, ein enger Freund von Paul, seit einigen Jahren!“

„Hallo, ja ich freue mich auch auf ihn.

Sag mal, bist du Gerrit Moor, der Pathologe aus Hamburg?“

Ihre Stimme und ihr Lachen, wie früher…

Paul fing an zu schwitzen, plaudernd kamen Rika und Gerrit in den Garten.

Dann drehte der Pathologe sich um und verschwand in Richtung Küche.

„Rika…!“

Paul betrachtete sie, schlank und kaum gealtert, das lange Haar stand ihr ausgezeichnet.

Sie war eine schöne Frau, das war sie immer gewesen.

Langsam kam sie zu ihm und er breitete seine Arme aus, wie selbstverständlich, schmiegte sie sich an ihn.

Als er in ihre grünen Augen blickte, wusste er, dass seine einsamen Jahre vorbei waren.

Das war es, wonach er gesucht und worauf er gehofft hatte.

Gerrit kam mit einem Tablett aus der Küche und trat an den Grill.

Er schmunzelte, als er die beiden engumschlungen sah, es passte, das merkte man auf den ersten Blick.

Es würde nicht einfach werden, aber er war sicher, es würde funktionieren.

In diesem Moment der Ruhe und Beschaulichkeit, zerriss das schrille Piepen von Rikas Telefon die Ruhe im Garten.

Sie nahm den Anruf entgegen, nachdem sie sich aus der Umarmung gelöst hatte.

„In Presen?

Der Düster Hof?

Oh mein Gott, das ist entsetzlich…

Ich komme, bin in Staberdorf, fahre sofort los!“

Sie drückte das Gespräch weg.
„Scheiße…
Es tut mir leid…
Paul, wir holen das nach, ich verspreche es…
Der alte Düster Hof in Presen brennt lichterloh, es sieht nach Brandstiftung aus.
Jorina und Jasper Düster, die Eigentümer, werden vermisst, sind vermutlich im Gebäude…
Meine Stiefschwester ist mit dem Sohn des Ehepaars zusammen, sie sind ein Paar, seit drei Jahren.
Ich muss sofort dahin!“
Sie griff nach ihrer Tasche und schüttelte ihren Kopf.
Gerrit drehte den Gasgrill ab.
„Sollen wir mitkommen, wir könnten helfen!“
Rika dachte eine Sekunde nach.
„Warum nicht, ein Oberkommissar und ein bekannter Pathologe können mit Sicherheit hilfreich sein!“

Sie stiegen alle in den Jeep von Gerrit, der packte mit flinkem Griff das Martinshorn aufs Dach.
Mit Blaulicht rasten sie 9 Kilometer über die L209 nach Presen.
Paul saß hinten und starrte wie hypnotisiert auf Rikas Hinterkopf.

Gerrit gab Vollgas und schon nach 5 Minuten konnten sie den Brandgeruch durch die offenen Wagenfenster riechen.

Rika holte ein Gummiband aus ihrer Tasche und band ihre Haare zu einem Knoten nach oben, nun starrte Haverbeck auf ihren schlanken, hellen Nacken.

Nach weiteren fünf Minuten, sahen sie die Flammen lichterloh in den Himmel schlagen.

Gerrit bremste scharf am Straßengraben ab, hier ging es nicht mehr weiter.

Zwei große Löschzüge versperrten den Weg und eine schaulustige Meute bestaunte wogend, die nach oben leckenden Flammen.

Unter lauten Aaahs… und Ohhhs… wurden die Feuerwehrmänner begafft und die Löscharbeiten erheblich gestört.

Paul sprang aus dem Wagen und öffnete den Kofferraum, er wusste, dass Gerrit immer Absperrband im Jeep hatte.

Er nahm die Rolle und band ein Ende an das vordere Löschfahrzeug, dann zog er mit der Rolle eine Bahn und scheuchte die gaffenden Leute weg.

„Verschwindet, findet ihr es gut, die Löscharbeiten zu behindern?

Was wäre, wenn es euer Haus ist, das in Flammen steht?

Würdet ihr dann auch gaffen?“

Er hasste diese Art der Zurschaustellung, die gierige Meute, die auf ein blutendes Opfer lauerte…

Rika und Gerrit standen bei den Feuerwehrmännern und versuchten etwas über die Ereignisse zu erfahren.

Das alte Fachwerkhaus und die Scheune brannten wie Zunder, uraltes trockenes Holz und Lehm wurden von Hitze und Flammen verzehrt.

Beißender Qualm drang in die Lunge, erschwerte das Atmen.

Der Wind hatte sich gedreht, war stärker geworden, Qualm und Rußpartikel wehten herüber, vermischt mit einem Flug aus roten Funken.

Der erste der Zuschauer schrie auf, weil ein glühendes Teilchen seine Haut berührt hatte.

Paul erfasste den Schrei mit einem Anflug von Schadenfreude.

Gerrit kam zu ihm herübergelaufen, er trug eine Feuerwehrjacke und einen Helm.

Rika war mit dem Chef der Lösch-Einheit seitlich an die Scheune herangelaufen.

Gerrit reichte Haverbeck eine feuerfeste Jacke nebst Helm und bedeutet ihm, sie überzuziehen.

Der Kommissar gehorchte und drängte die Menschenmasse weiter zurück, der ein oder andere verschwand in der aufkommenden Dunkelheit.

„Gerrit, sind Tiere auf dem Hof oder in der Scheune?“

„Nein, der Hof steht seit Monaten leer, die Bank hatte ihren Daumen darauf.

Jorina und Jasper Düster, die Besitzer, wollten sich hier mit einem Kaufinteressenten treffen, heute Nachmittag.

Sie werden vermisst, gehen nicht an ihr Telefon.

Das Auto der beiden steht hinter der Scheune, ein alter Opel Frontera!“

Gerrit musste fast schreien, das Brüllen der rasenden Flammen und knackendes Holz, boten eine tosende Geräuschkulisse.

Haverbeck fing an zu husten, die Dünste kratzten im Hals und seine Lunge schmerzte.

Der Rauch wurde dichter.

Was darauf schließen ließ, dass langsam, aber sicher, die Flammen unter Kontrolle waren.

Mittlerweile wurde es dunkel und die Löschfahrzeuge richteten ihre Scheinwerfer auf das glimmende Gebäude, das Feuer hatte fast alles verzehrt.

Ein Skelett aus leuchtendem Holz ragte in den grauen Abendhimmel hinein.

Eine surreale Atmosphäre legte sich über die Brandstelle, der wogende Dampf des Löschwassers ließ alles wie durch einen Nebel leuchten.

Gespenstisch tanzten kleine Funken, wie Glühwürmchen, durch den dunklen Himmel.

Das Brausen der Flammen ebbte nach fünf Minuten ab,

die Meute löste sich in alle Richtungen auf.

Das Schauspiel war vorbei…

Es gab kein Blut oder gar eine Leiche, uninteressant zu verharren, jetzt wurde es plötzlich zu unbequem für all die anwesenden Gaffer.

„Merk dir die Gesichter!“ Gerrit war nah an ihn herangetreten.

„Wenn es Brandstiftung ist, wird er als Zuschauer in der Menge gewesen sein.

Um zu sehen, was passiert, ich könnte es beschwören…

Es war hier windstill und das Anwesen hat gebrannt wie Zunder.

Da war mit Sicherheit ein Brandbeschleuniger im Spiel!“

Gemeinsam gingen sie in Richtung Scheune, Rika und der Chef der Feuerwehreinheit, standen noch immer dort.

Jetzt konnte er auch den grünen Opel sehen, der schräg hinter dem Haus stand und im Acker festgefahren war.

Gerade als er neben Rika stand, brach mit einem lauten Getöse, der Dachstuhl des Hauptgebäudes ein.

Ein wilder, glimmender Funkenstrom ergoss sich durch die Luft und färbte den Abendhimmel glutrot.

Sofort legte Haverbeck schützend einen Arm um Rika und zog sie an sich.

Zu viert standen sie vor der leuchtenden Kulisse und beobachteten den Einsturz der verbrannten Reste des Gebäudes.

„Brenn, Brenn… alles verzehrende, geliebte, heilige Flamme des Hasses…

Brennen sollt ihr alle, alle Sünder vor Gott, unserem Herrn und Gebieter!

Die Flamme wird euch reinwaschen, und übrig bleibt ein Haufen Asche, den der Wind in alle Richtungen über das Land treibt…

Aus der Asche auferstanden, schenkt er neues Leben…

Brenn, loderndes Licht der Barmherzigkeit und Vernichtung.

Ich bin euer neuer Gott, der Gott des Feuers und der Vergeltung!

Rache werd´ ich üben für alles, was mir an Leid getan.

Nehmt euch in Acht, ihr Sünder…

Ich werde mich rächen und der Schmerz wird grausam sein für euch…

Brennt, brennt alles nieder.

Ich bin das Licht und die Kraft dieses Feuers!“

Er stand hinter den Bäumen und beobachtete die gleißenden Flammen, huldigte und bewunderte die Macht des Feuers.

Eine dunkel gekleidete Gestalt mit tief ins Gesicht gezogener Kapuze.

Aufregung gepaart mit Befriedigung, Freude und Lust an der Vernichtung.

Niemand beachtete ihn, jeder war in seiner eigenen Sensationslust versunken.

Die Feuerwehrmänner hatten alle Hände voll zu tun, waren zu beschäftigt, um sich umzusehen.

Lediglich der wichtigtuerische große Mann mit dem Flatterband, kam ihm kurz zu nah…

Er zog sich sofort in die sichere Düsternis der Baumgruppe zurück…

Hier konnte er stehen, alles bis in jedes kleinste Detail in sich aufnehmen, das Schauspiel würdigen …

Mit einem kleinen Glimmen hinter dem Haus, hatte es angefangen.

Die zwei Kanister Benzin hatten es angefacht, gestärkt und größer werden lassen.

Das Feuer war in seinen Augen, eine alles verzehrende Allmacht, man musste nur den Grundstein legen…

Rasend und brüllend kam es in Rage, wurde zu einer Kraft, die kaum zu stoppen war.

Wütend, heiß, voll anbetungswürdiger Schönheit, in all seiner Farbenpracht und den verschiedenen Formen…

Es brannte nur mäßig, dann hatte einer der unwissenderen Männer, der freiwilligen Feuerwehr die Eingangstür geöffnet.

Es kam zu einem sogenannten flash-over, er hatte fast aufgeschrien vor Freude, als der Feuerwehrmann durch die Wucht der explosionsartigen Verbreitung des Feuers, nach hinten geschleudert worden war.

Eine Flammendecke war in dem Gebäude zu sehen, alles einhüllend, bläulich-orange leuchtend…

Da stand er noch nah am Gebäude, niemand hatte ihm Beachtung geschenkt, es waren noch keine Schaulustigen vor Ort…

Die gesellten sich nach und nach von der Straße zum Hof und er musste sich in den Hintergrund zurückziehen, konnte nicht mehr mitten im Geschehen sein, es war zu gefährlich…

Sie konnten ihn sehen, sich sein Gesicht merken…

Er würde sie das Fürchten lehren, das Feuer würde sein Werkzeug werden, für alle, die in Ungnade gefallen waren…

In sich hinein grinsend, dachte er an die beiden im Haus, sie hatten geschrien, er hatte die Tür zugeschraubt, so schnell, dass sie nichts mehr tun konnten.

Die Fenster hatte er schon vorher präpariert, mit Holzplatten und Schrauben…

Gebrannt hatten sie, getanzt hatten sie in einer Flammenwand. Er konnte es sehen, durch ein Loch im Mauerwerk des Gebäudes, konnte beobachten, wie sich die Flammen durch das Fleisch fraßen.

Ein gutes Gefühl sich zu rächen, Leiden zu verbreiten…

Er war noch nicht am Ende, zwei waren noch über,

zwei, die er auch noch reinwaschen würde von ihren Sünden…

Hämisch kichernd zog er sich in die dunkle Nacht zurück, für heute war sein Tagewerk verrichtet…

Rika Joken schüttelte sich, es war kalt geworden, die Reste des Hauses konnte man noch nicht betreten.

Der Brandmeister hatte ihr mitgeteilt, dass es noch ein paar Stunden dauern würde, bis sie Gewissheit hatten.

Gott sei Dank, hatte ein leichter Regen eingesetzt, so würden auch die kleineren Brandherde nicht mehr auflodern können.

Mittlerweile 23 Uhr in der Nacht, sie konnte weder ihre Schwester noch den Sohn des vermissten Ehepaares erreichen.

Arno Düster wollte ihre Schwester heiraten, er war nicht Rikas erste Wahl, aber Hauptsache Lia würde glücklich werden.

Sie hatten verschiedene Väter, aber trotzdem waren sie sich innig zugetan und Lia besuchte ihre Schwester regelmäßig.

Bei einem dieser Besuche hatte sie Arno kennen und lieben gelernt, so war sie vor drei Jahren nach Fehmarn gezogen.

Lia war ihre Schwester und Freundin zugleich, und Rika überfiel das schlechte Gewissen, wenn sie daran dachte, dass sie eigentlich gestern gemeinsam ausgehen wollten.

Aber der Besuch von Paul, hatte Rika alle Pläne ändern lassen.

Nun verfluchte sie sich innerlich dafür.

Das Wiedersehen mit ihrem alten Freund hätte auch noch einen Tag warten können.

Sie war dreckig, müde und hungrig.

Gerrit und Paul ging es ebenso.

Rika war demotiviert, da sie die böse Vorahnung hatte, dass sich das ältere Ehepaar im Haus aufhielt, als das Feuer ausgebrochen war.

Erneut wählte sie Lias Nummer, wieder die Mobilbox.

Bei Arno tat sich gar nichts, sein Telefon schien aus zu sein…

Haverbeck kam auf sie zu, er sah müde und genauso schmutzig aus wie sie.

Ihr Herz machte einen Hüpfer, als er sie anlächelte und ihre dreckige Hand nahm, sie hatte doch wahrlich andere Sorgen, als sich wie ein verliebter Teenager zu fühlen.

„Komm, wir fahren nach Staberdorf, duschen und essen.

Was vom Grill, da ist mir heute nicht mehr nach.

Wir könnten was bestellen."

Ein kurzer Blick auf seine Armbanduhr.

„Doch nicht, es ist gleich Mitternacht.

Wir machen uns ein Brot und gehen unsere Beobachtungen durch, solange noch alles frisch ist.

Morgen ist die Hälfte sonst vergessen!"

Rika wusste, dass er recht hatte, sie schaute sich nach Gerrit um.

Der stand bei seinem Jeep und sah elend aus.

Sie stiegen in den Wagen und machten sich schweigend auf den kurzen Weg zurück zum Ferienhaus der Männer.

Rika duschte als erste, Gerrit und Paul bereiteten ein paar Brote in der Küche.

Beide schwiegen, müde und gestresst vom Ausgang des Abends.

Als Rika die Küche betrat, in einem von Haverbecks Shirts und ihrer dreckigen Jeans, blickten beide Männer von ihrer Aufgabe hoch.

Paul lächelte müde, als sie zu ihm herüberkam, sie war barfuß und ihre Füße machten keinerlei Geräusche auf dem Fliesenboden.

„Ich bin dann mal im Badezimmer!"

Gerrit verließ schlurfend die Küche und sie hörten, wie die Glastür zur Dusche zu klickte, gleichzeitig das Rauschen des Wassers.

„Paul, es tut mir leid.

Eigentlich ist es meine Angelegenheit, ich wollte euch da nicht mit reinziehen!"

Sie hatte ihre Hand auf seinen Arm gelegt und schaute ihm offen in sein Gesicht.

Er hatte Bartstoppeln und seine Wangen waren noch immer rußverschmiert.

Gerrit kam geräuschvoll in die Küche zurück, er trug einen Jogginganzug und seine Haare waren noch nass.

Der Oberkommissar strich sanft über Rikas Grübchen am linken Mundwinkel.

„Schon gut, ich geh duschen!"

Er brauchte genau zehn Minuten, dann stand er in frischer Bekleidung wieder am Tisch.

Alle drei griffen gleichzeitig nach einem belegten Brot und machten Anstalten, sich auf die Korbstühle am Esstisch zu setzen.

Sie konnten nicht ahnen, dass diese schreckliche Nacht noch nicht zu Ende war.

Wieder war es das Piepen von Rikas Diensthandy, was die Stille im Raum unterbrach.

„Wo?

Im Yachthafen Burgstaaken?

Im Hafenbecken, ein Pärchen?

Oh Gott…!“

Rika war blass geworden und wankte, Haverbeck sprang auf und hielt sie am Arm fest, sie stützte sich auf ihn.

„Wir sind unterwegs!“

Abermals tippte sie die Nummer ihrer Schwester an, mit demselben Erfolg, wie die vorherigen zwanzigmal.

„Im Yachthafen von Burgstaaken ist ein Paar gefunden worden im Wasser.

Sie sind aneinandergefesselt, vermutlich gemeinsam ertrunken!“

Sie drohte zu fallen, ihre Lippen verfärbten sich bläulich.

Haverbeck und der Pathologe blickten sich an, beide hatten denselben Gedanken.

Rikas Schwester und ihr Freund wurden auch vermisst.

„Rika, es muss nicht sein.

Du kannst so nicht fahren, Gerrit bringt uns hin!“

Sie versuchte die Luft anzuhalten, ihr Kreislauf war eh schon im Keller. Tränen liefen aus ihren Augen und sie nickte wortlos.

„Paul, ich weiß, dass sie es sind!“

Schweigend verließen sie das Haus und stiegen erneut in den Jeep mit Hamburger Kennzeichen.

Es war drei Uhr am Morgen und die Straßen verlassen, die gut sieben Kilometer schafften sie in zehn Minuten.

Dichter Nieselregen überzog die nächtliche Landschaft wie ein leichter Schleier, die Scheinwerfer durschnitten gespenstisch die Dunkelheit.

Es herrschte düsteres Schweigen, Rika weinte tonlos.

Alle drei wussten, dass sich ihre bitterböse Vorahnung bestätigen würde.

Das Hafenbecken erstrahlte hell, bei ihrer Ankunft.

Der Hafenmeister hatte sämtliche Beleuchtung angeschaltet.

Zwei Einsatzwagen der Polizei, ein Rettungswagen und der dunkle Mercedes des Leichenbestatters, blockierten die Zufahrt an dem Hauptanleger.

Gerrit war als erster ausgestiegen und Paul öffnete die Beifahrertür für Rika.

Die Kommissarin bewegte sich wie ein Roboter und ihre Züge wirkten versteinert.

Im Inneren von Paul Haverbeck tobte ein Sturm, er konnte ihr diesen Weg nicht abnehmen, betete, dass es ein ihr unbekanntes Paar war.

Gerrit hielt sich im Hintergrund, als sie am Anleger waren, zückte Rika ihren Dienstausweis, stellte Haverbeck als Oberkommissar und ihren Freund vor.

Zwei der jungen Polizisten tuschelten, Paul vernahm kurz die Wörter „Eiserne Jungfrau".

Alle Anwesenden hatten blasse Gesichter, selbst der Bestatter und die Sanitäter aus dem Rettungswagen.

Es herrschte Stille, keine regsame Betriebsamkeit.

Am Rand der betonierten Fläche des Beckens, lag eine weiße Plane, darunter konnte man die Umrisse von zwei Körpern erkennen.

Rika stolperte, drohte zu fallen, Haverbeck umschloss ihre Schulter mit festem Griff.

„Ich bin bei dir, egal was kommt!" flüsterte er an ihrer Seite.

Sie nickte stumm und bereitete sich auf den Anblick vor.

Viele Unfall- und Mordopfer hatte sie in ihrer Dienstzeit gesehen, immer versucht, eine professionelle Haltung zu bewahren.

Sie atmete langsam, versuchte nicht die Luft wieder anzuhalten.

Schlafmangel, Hunger und Durst hatten sie geschwächt.

Sie wollte nicht weinen, einige der Beamte kannte sie.

Nur die Beherrschung wahren, mahnte sie sich.

Ihre Beine zitterten und obwohl der Regen ihre Kleidung durchnässt hatte und es nur 12 Grad waren, begann sie zu schwitzen.

Sie nickte dem jungen Sanitäter zu, der an der Plane stand.

„Es ist kein schöner Anblick!“

Seine Stimme zitterte und er bückte sich und schlug die Plane zurück, ohne selbst hinzusehen.

Haverbeck stand noch immer dicht neben Rika und hielt sie fest, er wollte nicht, dass sie stürzte vor den Augen ihrer Kollegen.

Rika hatte die Augen so zugepresst, dass die Wimpernränder schmerzten, jetzt riss sie mit einem Ruck die Lider auf.

Entsetzen kam in ihr hoch und ein stechender Schmerz durchzuckte sämtliche Muskelfasern ihres Körpers.

Sie schnappte nach Luft wie eine Ertrinkende, darauf war sie nicht gefasst.

Paul, an ihrer Seite, unterdrückte einen Aufschrei und fasste unwillkürlich mit beiden Händen nach Rika.

Er kannte ihre Halbschwester flüchtig, aus seiner Kieler Dienstzeit mit seiner damaligen Partnerin.

Entsetzen durchfuhr auch seinen Körper.

„Komm, weg hier!“

Er zog ihren Kopf an seine Brust und hielt eine Hand vor ihr Gesicht, schob sie aus der Menge nach rechts.

Am Rande des Hafenbeckens blieben sie stehen, hier war keine Laterne.

Niemand konnte sie beobachten, aber auch niemand wollte das, der Anblick der Leichen war grotesk und grausam.

Sie beugte sich vornüber, drohte nach vorne zu kippen.

Er hielt sie engumschlungen, als sie anfing zu husten, um sich in das Hafenbecken zu übergeben.

Dann brach sie in seinen Armen zusammen.

Gerrit kam aus der Dunkelheit mit einer warmen Decke.

Er hüllte Rika und Paul darin ein, dann drückte er seinem Freund den Wagenschlüssel in die Hände.

Es regnete unentwegt weiter, alle waren durchfroren und durchnässt.

Aber niemand achtete darauf, der Anblick unter der Plane ließ sämtliche Dinge als belanglos erscheinen.

„Fahr Rika nach Hause, leg sie ins Bett.

Ruf den Notarzt, wenn du sie nicht beruhigen kannst.

Ich schaue mich hier um, versuche etwas herauszufinden.

Ich komme mit einem Taxi oder einer der Beamten fährt mich.

Sie ist raus aus dem Fall, auch der Brandsache, ich habe gerade mit meinem Vorgesetzten in Hamburg gesprochen.

Ich bin offiziell an der Untersuchung beteiligt, egal was Rikas Chef sagt.

So sind wir auf dem Laufenden, ohne dass sie Details mitbekommt.

Paul, das ist die beste Lösung.

Du musst sie beschützen, das wird sie sonst innerlich zerstören.

Du weißt das am besten!“

Er spielte auf den Unfalltod von Pauls Frau vor Jahren an.

Haverbeck wusste nur zu gut, dass der Pathologe Recht hatte mit dem, was er sagte.

„Danke, das vergesse ich dir nie!“

„Ich weiß, mein Freund!“, Gerrit verschwand wieder in der Dunkelheit.

Wortlos hob Haverbeck Rika auf und trug sie zum Wagen.

Er merkte, dass er keine Zwanzig mehr war, sein Kreuz schmerzte von der ungewohnten Belastung.

Aber er schaffte es, sie auf den Sitz zu bugsieren.

Sie bewegte sich nicht und hing in seinen Armen wie ein schlaffer Sack.

Er ließ den Motor an und legte den Gang ein…

Rika saß regungslos im Wagen, ihre Augen waren geschlossen.

Sie sah blass und traurig aus, Tränen liefen unentwegt über ihre Wangen.

Wenigstens sah er, dass sie flach atmete…

Gerrit Moor ging zu dem Polizisten herüber, der gerade sein Telefonat beendet hatte.

Der Beamte hatte während des Gespräches suchend in die Runde umhergeblickt, Gerrit vermutete, dass sein Vorgesetzter ihn informierte, über die Anwesenheit eines Pathologen am Tatort.

„Dr. Gerrit Moor, Pathologisches Institut Hamburg, wenn ich helfen kann, tue ich es gerne!“

„Gott sei Dank, dass sie hier sind.

Ich dachte schon, ich muss sie suchen.

Tut mir leid, dass ihr Urlaub im Eimer ist, aber die Chefetage hat gesprochen!“

Er fuchtelte mit seinem Telefon vor Gerrits Nase herum.

Sein blasses Gesicht sah überfordert aus.

Keine 35 Jahre, schätzte der Pathologe das Alter des Beamten,

so viele Leichen hatte er bestimmt noch nicht gesehen.

„Ja, wir sind völlig überfordert damit, dankbar für ihre Hilfe, wir nehmen, was wir kriegen können.

Der Anblick ist grauenvoll, dann noch die Schwester einer Kollegin.

Das ganze nach dem Brand vorhin in Presen, wir sind alle müde und erschöpft.

Ich kann da gar nicht mehr hinschauen und hoffe, dass sie starke Nerven haben.

Es ist einfach grauenvoll, was ein Wahnsinniger da getan hat!“

Sie standen jetzt an der Abdeckplane und der Himmel wurde hell am Horizont.

Die Sonne erschien blass und der Regen hatte aufgehört.

Langsam machten sich die Fehmarner auf zur Arbeit.

Fischer, Bäcker und andere frühe Tagwerker.

„Wollen wir schauen, dann kann der Bestatter sie wegbringen, bevor wir auch hier eine Meute von Gaffern haben!“

Gerrit bemühte sich ruhig und professionell zu bleiben.

Das Wiedersehen von Rika Joken und Paul Haverbeck stand unter keinem guten Stern.

Der Schock über die Ereignisse in dieser Nacht, saß auch in seinen Gliedern.

Der Beamte bückte sich und schlug die Plane ganz zurück.

„Haben sie so etwas schon einmal gesehen, Doktor Moor?"

Der Körper des jungen Polizisten war zum Hafenbecken gedreht, er wollte sich diesen Anblick nicht noch einmal antun.

Gerrit musste das, kühl und sachlich versuchte er, das Gesehene zu erfassen.

Das junge Pärchen lag Rücken an Rücken, ganz gerade.

Sie waren splitternackt, beide Körper gezeichnet mit etlichen Brandmalen.

Hals, Taille, Knie und Knöchel waren mit Unmengen schwarzen Panzer-Bandes umwickelt.

Der Hüftbereich war mit dünnen Stricken umknotet, darin waren die Hände eingewoben.

Sie hatten sich kaum bewegen können, so gefesselt aneinander, waren sie ins Wasser geworfen worden.

Gerrit kniete sich neben den Körper der jungen Frau nieder.

Ihr Leib war weniger entstellt als der des Mannes.

Doch auch sie hatte Brandwunden verteilt am Oberkörper, an den Schenkeln und noch schlimmer, im Gesicht.

Überall wo man hinblickte, rohes Fleisch.

Verbrennungen ersten und zweiten Grades, es wirkte, als ob er mit dem Mädchen Mitleid gefühlt hatte.

Er ging auf die andere Seite, um die männliche Leiche genauer in Augenschein zu nehmen, er war schlimm zugerichtet.

Sein ganzer Körper war verbrannt, aber nur oberflächlich.

Brandwunden dieses Grades waren die schmerzhaftesten, da die Nerven noch intakt waren.

Die meisten Verbrennungen waren zweiten und dritten Grades, mit flächiger Blasenbildung.

Selbst die Fußsohlen waren verbrannt.

Das Gesicht wies etliche Schlagverletzungen auf.

Beide Augen zugeschwollen dick, alle vorderen Zähne fehlten.

Er war fast nicht mehr zu erkennen durch die massiven Schwellungen.

Die Oberarme waren ehemals mit Tätowierungen verziert, die aber durch die verletzte Oberhaut nicht mehr zu erkennen waren.

An seinem Hals war in zierlicher Schrift der Name Lia eintätowiert, dort war die Haut unversehrt.

„Sie trägt den Namen Jasper eingestochen, auf der Seite, wo sie liegt, auf Höhe des Rippenbogens.

Da ist die Schrift auch unverletzt, als wenn er uns bei der Identifizierung helfen wollte, dieses Arschloch!“

Der Beamte schüttelte sich vor Ekel.

Gerrit nickte nur, besah sich weiter beide Körper.

„Ohne Zweifel hatten sie ein längeres Martyrium hinter sich, ich denke, beide haben noch gelebt, als er sie ins Wasser geworfen hat, nach seiner Folter.

Er hat sich Zeit gelassen bei seinem Quälen, die Wunden weisen verschiedene Zeiten auf.

Ich denke, ungefähr 48 Stunden lang hatte er sie in seiner Gewalt.

Wir haben es auf jeden Fall mit einem äußerst brutalen Sadisten zu tun.

Er hat Wert daraufgelegt, dass sie bei Bewusstsein waren.

Immer wieder pausierte er in seiner Folter, um beide Opfer bei Besinnung zu halten.

Sie haben nicht lange im Wasser gelegen.

Vielleicht eine halbe oder eine Stunde.

Es sind noch kaum Spuren der Wassertiere zu sehen, die Haut ist wenig aufgequollen.

Sie wurden schnell gefunden, wir können davon ausgehen, dass sie hier ins Wasser geworfen wurden, sie haben versucht, sich voneinander zu lösen, die Fesseln sind tief ins Fleisch eingedrungen.

Etwas derart Sadistisches, habe ich nicht oft gesehen…

Ich hoffe auch, dass ich Ähnliches nie wieder zu sehen bekomme.

Lassen sie die beiden zum Bestatter bringen.

Ich schaue sie mir dort genauer an.

Wir haben es mit einem richtig kranken Schwein zu tun,

er steht auf Gewalt, je grausamer, desto besser.

Und, er benutzt Feuer als Waffe…

Der Brand und diese Taten hier, sind definitiv von ein und demselben Mann, ich gehe davon aus, dass es ein Mann ist.

Diese Grausamkeit wäre auch bei einem weiblichen Täter möglich.

Ist aber eher selten.

Mehr kann ich ihnen sagen, wenn ich beide obduziert habe und in der Brandruine war!“

Gerrit richtete sich auf und zog die dünnen Latexhandschuhe aus.

„Lassen sie uns den Täter so schnell wie möglich dingfest machen, seine Wut richtet sich augenscheinlich gegen die Familie Düster.

Finden sie heraus, ob es noch weitere Familienmitglieder gibt.

So sind wir vor Überraschungen sicher!“

Der Polizist nickte verstört, klemmte sich sein Telefon an das Ohr, nachdem er gewählt hatte.

Gerrit ging zu dem Leichenwagen, vielleicht konnte er mitfahren.

Als der Pathologe gegen 9.30 Uhr mit seiner Leichenschau abgeschlossen hatte, rief er auf der Polizeiwache an.

Jemand musste ihn zur Brandruine fahren und anschließend nach Staberdorf.

Er brauchte ein bis zwei Stunden Schlaf.

Aber zuerst wollte er mit dem Brandsachverständigen sprechen, der mit Sicherheit jetzt vor Ort war.

Das dampfende Skelett der Ruine empfing ihn mit der dazugehörigen Düsternis.

Noch immer flogen Rußpartikel und Ascheteilchen durch die Luft.

Der Wind hatte aufgefrischt und kam aus nördlicher Richtung.

Die Sonne lugte zwischendurch hinter den Wolken hervor, erhellte die schaurige Kulisse.

Durch den Regen in der Nacht hatte es sich beträchtlich abgekühlt.

Schreiende Möwen flogen hoch über ihnen, auf der Suche nach etwas essbarem.

Ein Brand hinterließ bei ihm immer das Gefühl der totalen Vernichtung alles Lebendigem.

Es fühlte sich an, als sei er in einem billigen Horrorfilm gelandet, es war so viel passiert in den letzten 14 Stunden.

Sein Kopf versuchte alle Informationen unterzubringen, aber diese Flut von Eindrücken war einfach zu viel.

Dass er seit über 30 Stunden nicht mehr geschlafen hatte, war nicht gerade hilfreich.

Der Beamte der Feuerwehr begrüßte ihn höflich, als er aus dem Polizeiwagen stieg.

„Zwei verbrannte Leichen wurden schon auf das Festland abtransportiert.

Sie waren bis zur Unkenntlichkeit verbrannt, wir vermuten das Ehepaar Düster, Arno und Jorina.

Zu hundert Prozent wissen wir es nach der Zahnanalyse.

Der Zahnarzt hat schon alle Unterlagen per Mail nach Heiligenhafen geschickt, aber ich denke, dass es das Ehepaar ist.

Nur sollte ja alles seine Richtigkeit haben, bevor man die Familie benachrichtigt.

Ich kann Ihnen zeigen, wo der Brand begonnen hat, und erkläre Ihnen dann, wie sich das Feuer weiterverbreitet hat.

Als Brandbeschleuniger wurde Benzin benutzt, die Fenster hinten waren zugeschraubt.

Ich habe Schrauben gefunden, auch in Resten des Rahmens und der Tür.

Er hat vorgesorgt, es gab kein Entkommen für das ältere Ehepaar.

Äußerst kaltblütig ist der Täter vorgegangen, hat genau berechnet, wie der Brand sich entwickelt, ich würde sagen, er kennt sich aus mit Feuer.

Es würde mich nicht wundern, wenn er beruflich etwas mit Brandbekämpfung oder Ähnlichem zu tun hat!“

Er scheute sich auszusprechen, dass es vielleicht ein

Feuerwehrmitarbeiter war, der den Brand gelegt hatte.

Gerrit nickte, Benzin als Brandbeschleuniger, hatte er auf der Haut der beiden Opfer im Hafenbecken gefunden.

Es waren genug Rückstände vorhanden, er hatte es erst auf der Haut aufgetragen und dann die Stelle entzündet.

Nach wenigen Sekunden dann gelöscht, mit einer Löschdecke, vermutete Gerrit,

da keine Faserrückstände in den Wunden waren.

Sein Magen krampfte sich zusammen, wenn er an die Grausamkeit und den Vorsatz der Tat dachte.

Das hier war kein gewöhnlicher Brandstifter oder Pyromane, der ein wenig zündelte, um sich an den Flammen zu ergötzen.

Der Täter, mit dem sie es hier zu tun hatten, war ein eiskalter Psychopath, der Feuer als seine eigene Waffe einsetzte.

Diese Waffe setzte er gezielt gegen die alte Fehmarner Familie Düster ein.

Es war etwas Persönliches, jemand zu verbrennen, die Freundin des einzigen Sohnes und Erben zu foltern und umzubringen.

Es war etwas sehr Persönliches.

Sie mussten das Umfeld der Familie Düster zurückverfolgen.

Über einen längeren Zeitraum.

Alle Feuer und Brände der letzten Jahre mussten kontrolliert werden.

Ebenso alle Anzeigen, die Gewalt in Bezug mit Feuer in Verbindung gebracht werden konnten.

Hinnerk Rauch war noch im Dienst auf Sylt, bis morgen Abend.

Gerrit beschloss ihn anzurufen, bevor er zurück in den Streifenwagen einsteigen würde, der ihn nach Staberdorf bringen sollte.

Haverbeck konnte er damit jetzt nicht belasten, Rika und er hatten jetzt andere Probleme, als Polizeirecherche zu betreiben.

Er verabschiedete sich von dem Sachverständigen und deutete dem wartenden Beamten im Wagen am Tor an, dass er noch telefonieren müsse.

Dann umrundete er die Ruine und begab sich in die Reste des Obstgartens hinter dem Hauptgebäude.

Er rief Hinnerk auf der Dienststelle an, erreichte ihn sofort.

Die Erklärungen dauerten etwas länger, aber Hinnerk war Freund und Profi genug, nicht jede Kleinigkeit zu hinterfragen.

Er konzentrierte sich auf das Wesentliche, notierte sich alle Namen und Orte genau.

„Ich komme morgen Abend und bringe alles mit, was ich herausfinde.

Ich werde auch die sozialen Medienaccounts überprüfen.

Ich finde etwas, Gerrit.

Verlasst euch auf mich!“

„Du wirst vielleicht tief graben müssen, ich habe das Gefühl, dass es etwas sehr Persönliches ist, was unseren Täter vorantreibt!“

Der Pathologe ging müde zum Tor des ehemaligen Düster Hofes.

Hoffentlich findet Hinnerk etwas, was uns weiterbringt, dachte er.

Wenn es einer kann, dann er…

Der Leichenwagen kam aus der Richtung von Burgstaaken.

Er duckte sich am Straßenrand, tat so, als wenn er seine Schuhe zubinden wolle.

Das ging schnell, er hatte gerade seinen alten Van abgestellt,

wollte zu Fuß zurück in den Hafen, um zuzusehen, wenn man das Paar fand.

Gerade mal 50 Minuten war es her, der Hafenmeister musste wachsam gewesen sein, als er seinen Rundgang machte.

Egal, er hatte seinen Spaß mit den beiden gehabt.

Das Mädchen, da war Mitleid mit im Spiel, er konnte nicht so, wie er wollte.

Aus Respekt für seine Mutter, sie hatte ihm beigebracht, dass ein Mann eine Frau niemals schlägt.

Also hielt er sich daran, normalerweise hasste er körperliche Gewalt.

Aber Jasper hatte sein Maul nicht gehalten, immer wieder bettelte er, erinnerte an die gemeinsame Schulzeit, dass sie sich doch immer gut verstanden hätten.

Da hatte er zugeschlagen, endlich war es still geworden.

Nur das Weinen von Lia war in dem alten Bootshaus zu hören.

Dann hatte er beide geknebelt.

Er grinste, wenn er daran zurückdachte.

Ertränken, alle beide, das war sein Plan von Anfang an.

Jasper war der Erbe der Düsters und wenn der Hof verkauft wurde, wäre er ein gemachter Mann.

Jasper Düster, dieses Arschloch, war ihm schon immer verhasst, noch bevor er überhaupt wusste, dass er sein Halbbruder war.

Das hatte alles geändert…

Seine Mutter wollte es ihm nicht sagen, erst auf dem Totenbett vor sechs Wochen, richtete sie das Wort an ihn.

Dass er nicht allein sei, wenn sie nicht mehr unter den Lebenden weilte, er habe Familie.

„Junge, du hast einen Bruder und einen Vater.

Auch wenn er dich nie wollte, wird er dich bestimmt unterstützten.

Der Jasper, mit dem hast du immer gespielt, dem wird es willkommen sein, einen Kamerad zu haben!“

Wie dumm er doch gewesen war, deshalb hatte sie bis zu ihrer Krankheit als Milchmagd bei Bauer Düster gearbeitet.

Niemals wäre er auf die Idee gekommen, dass der grobe Bauer, der kein Herz hatte, sein Vater war.

Jetzt erst verstand er, warum der alte Arno ihn vom Hof gejagt hatte, als er die jüngste Düster Tochter geküsst hatte.

Sie war seine Halbschwester, es wäre Inzucht gewesen.

Viele Jahre ahnte er von allem nichts, pflegte seine Mutter und sah zu, wie die Krankheit sie langsam verzehrte.

Er liebte seine Arbeit, bei der Werksfeuerwehr, aber die letzten Monate wollte Mutter in die Heimat, auf Fehmarn.

Das kleine Haus ihrer Schwester stand leer, sie hatten es geerbt, als seine Tante von derselben Krankheit wie Mutter gezeichnet, ein Jahr vorher verstarb.

Die Tante war eine hässliche, alte Frau gewesen, aber nun hatte er eine eigene kleine Kate, mit einem alten Bootshaus an einer der einsamsten Stellen auf Fehmarn.

Das alles war ihm egal, sein Wunsch war immer nur, einen Vater zu finden.

Die Vaterfigur hatte sein ganzes Leben bestimmt, er träumte von einem Vater, der edelmütig gewesen war.

Ein rechtschaffener, liebevoller Mann, der durch einen Unfall verstarb.

Der nie die Chance hatte, ihn, seinen einzigen Sohn, kennenzulernen.

Das alles hatte Mutter ihm vorgegaukelt, sie hatte ihn belogen über 35 Jahre nur Lügen.

Dann war sie auf einmal tot, ließ ihn mit der Tatsache zurück, dass er aus einem Verhältnis mit dem Bauern entstammte.

Dem Mann, den er schon in der Kindheit verabscheute.

Ein Widerling war er gewesen, ein richtiger Lüstling.

Oft hatte er mitangesehen, wie Mutter von ihm betatscht worden war, als er noch als kleiner Junge am Rockzipfel der Mutter hing.

Da er ein Jahr älter als Jasper Düster war, hatte er recherchiert.

Arno war damals mit der reichen Nachbarstochter verheiratet worden, damit die beiden Höfe zusammengehörten.

Deshalb hatte er seine Mutter schwanger sitzen gelassen.

Wegen Grund und der Vergrößerung des Hofes, hatte er Jorina seiner mittellosen Mutter vorgezogen.

Das war viele Jahre her, niemand scherte sich mehr darum, aber so billig würden sie ihn nicht abspeisen.

Er würde sich rächen, für Mutter wollte er es tun.

Sie hatte viele Jahre gelitten, dieses Schwein hatte sich nicht einmal für seinen Erstgeborenen interessiert und für die Frau, die er geschwängert hatte.

Sie war auf dem Hof als Hilfsarbeiterin geduldet und ihr Junge als ein Anhängsel, das lästig war.

Jetz wusste er, warum der Bauer ihm all die Jahre nicht in die Augen blicken konnte.

Sie hatten das bekommen, was ihnen zustand, ein qualvoller Tod in den Flammen der Hölle…

Da gehörten sie hin…

Aber der Sohn, mit seiner Freundin, hatte ihn erkannt, als er einkaufen war.

So waren seine Pläne den Düsterhof zu verbrennen, in Gefahr durchkreuzt zu werden.

Er musste schnell handeln, bevor Jasper seinem Vater erzählte, dass er und Mutter zurück waren.

Der Bauer hätte Verdacht schöpfen können, die Krankheit von Mutter war ihm bekannt gewesen…

Das Wissen, dass Mutter sterben würde, hätte ihn misstrauisch gemacht.

Sie hatte ein weiches Herz, immer schon, vielleicht würde er erkennen, dass sie ihm, dem Bastard, seinen Vater nannte.

Das beide, Arno und Jorina, im Gebäude waren, der Plan war ihm erst später durch den Kopf gegangen.

Gelockt hatte er sie, mit einem Kaufangebot am Telefon, das Treffen vereinbart.

Da war der zweite Sohn des Bauern, nebst Freundin schon gefesselt und geknebelt im Bootshaus.

Das Puzzle hatte sich nach und nach ergeben, die beiden verliebten Dummköpfe, es war ein leichtes Spiel sie zu überwältigen.

Sie suchten ein Haus, er hatte bei dem Treffen im Supermarkt erwähnt, dass er die kleine Kate seiner Tante verkaufen wolle.

Schwups, hatten sie in der Falle gesessen…

Die Langeweile war es, die ihn dazu trieb, mit dem Feuer zu spielen…

Dann war die Lust dazu gekommen, zu quälen und die Neugierde, wie weit ein menschlicher Körper Schmerzen ertragen konnte.

Seine Mutter musste so viel Schmerz ertragen, nie hörte er sie klagen.

Diese beiden Exemplare hatten gejammert und gejault, es war uninteressant geworden.

Aber er konnte es sich nicht nehmen lassen, ihnen genussvoll von dem Brand zu berichten, wie Jaspers Eltern eine lebendige Feuerfackel waren.

Wie diese Fackeln getanzt hatten für ihn.

Da hatte Jasper ihn ein krankes Arschloch genannt, um gleich darauf zu betteln und zu winseln.

Ein für alle Mal war er diese Familie los, die zwei Schwestern interessierten ihn nicht.

Sie waren beide unbekannt verzogen, hatten dieser Scheißinsel den Rücken gekehrt.

Das Glück in der Ferne suchen, das würde er jetzt auch tun, er war fertig hier, mit allem, was er zu erledigen hatte.

Nichts hielt ihn mehr in Deutschland, aber ein paar Tage würde er noch bleiben, um die Presseberichte zu genießen und immer wieder diese Momente zu erleben…

Es war ein Hochgefühl, das er verspürte, nichts und niemand konnte ihm etwas anhaben.

Die Flammen hatten alles für ihn bereinigt, alles gerächt, was ihm und Mutter passiert war…

Hinnerk fuhr auf die Fehmarnsundbrücke, er hatte dutzende von Informationen mit im Gepäck.

Nur keine Zeit sie zur sortieren, der Verkehr war dicht und er musste sich konzentrieren.

Zum Grübeln blieb keine Möglichkeit.

Aber vielleicht konnten Haverbeck und der Pathologe etwas dazu beisteuern.

Einfach grausam, was dort auf Fehmarn passiert war, er hatte sich die Berichte im Computer aufgerufen.

Auf dem Sitz neben ihm lag eine dicke Aktenmappe, alles hatte er als Ausdruck dabei.

Sie konnten sich aufteilen und alle Informationen sichten, es würde sich etwas finden.

Er hatte sogar die Geburtsurkunden aller Düster Kinder.

Alle Angestellten und Aushilfen, die jemals offiziell auf dem Hof gearbeitet hatten, waren von ihm überprüft worden.

Es waren Dutzende, allein die Erntehelfer.

Nur zwei feste Kräfte waren über Jahre geblieben, eine Hof Kraft, früher hatte man sie Knecht genannt und eine Milchmagd.

Sie blieb 10 Jahre auf dem Hof, dann verschwand sie von der Bildfläche.

Dann tauchte sie erneut plötzlich vor sechs Wochen im Sterberegister von Fehmarn wieder auf.

Er forschte weiter, sie hatte zu ihrer Zeit auf dem Düster Hof einen Jungen geboren.

Vater unbekannt, er musste jetzt 37 Jahre alt sein.

Dieser Junge war dann mit seiner Mutter nach Hamburg gezogen.

Den Jungen sollten sie genau unter die Lupe nehmen, seine Nase sagte ihm, dass er einer der Hauptverdächtigen war.

Den Grund dafür konnte er nicht genau benennen, es war ein Gefühl, das ihn überkam, wenn er den Namen las.

Benedikt Matzen, seine Mutter Agnes Matzen.

Morgen früh würde er sich als erstes ans Telefon hängen, er brauchte mehr Informationen über Mutter und Sohn.

Gerrit hatte angedeutet, dass für beide Fälle ein und derselbe Täter in Frage kam, dass die Morde einen persönlichen Hasshintergrund hatten.

Hass war immer ein starkes Motiv, aber worauf, wem und warum galt dieser zielgerichtete Hass?

Er war in Staberdorf angelangt, der Bungalow wirkte schnieke.

Langsam rollte er auf dem Seitenstreifen aus.

Hinnerk seufzt und stellte den Motor seines Sport Coupés ab.

Scheiße, es hatte ein schöner Männerurlaub werden sollen, nun steckten sie alle drei bis zum Hals in einem grausamen, vierfachen Mord.

Gerrit stand in der Tür des Bungalows und erwartete ihn.

Es war windig und der Himmel zog sich zu, Hinnerk schnappte sich die Akte vom Sitz und stieg aus.

„Ich bin froh, dass du kommst, ich habe uns Pizza bestellt, der Bote müsste jeden Augenblick da sein!“

Der Pathologe klopfte dem jungen Kommissar freundschaftlich auf die Schulter.

„Paul ist bei Rika, ich glaube nicht, dass er heute noch hierhin kommt.

Ich hoffe, du hast gute Nachrichten und den ein oder anderen Verdächtigen ausgegraben, Hinnerk!

Komm erst mal rein, drinnen wartet ein kaltes Bier auf dich!“

Bei Bier und Pizza tauschten sie ihre Informationen.

Es war gut, dass Paul und die Kommissarin nicht dabei waren, Gerrit und Hinnerk konnten offen reden.

„Es war definitiv etwas ganz Persönliches, die Fenster waren bei dem Brand mit Brettern verschraubt, die Zimmertür auch von außen mit Schrauben zu.

Das hat mir der Brandsachverständige der Feuerwehr versichert.

Der Sohn, Jasper Düster und seine Freundin, Rika Jokens Schwester Lia, waren da schon in seiner Gewalt.

Er hat die beiden tätowierten Namen unversehrt gelassen, so als ob er uns darauf hinstoßen wollte, wer sie waren!“

Gerrit wischte sich seine mit Tomate und Käse beschmierten Finger an einer Papierserviette ab und nahm einen kräftigen Schluck Bier.

Hinnerk schmatzte und griff sich noch ein Stück Salami Pizza.

Er hatte einen guten Magen, selbst nach den Fotos des entstellten Pärchens, hatte er noch einen kräftigen Appetit.

„Ich blicke noch nicht ganz durch, muss morgen noch viel telefonieren.

Aber ich bin mir fast sicher, dass der Sohn der Milchmagd, dieser Benedikt Matzen, was damit zu tun hat.

Du musst mir morgen helfen, er kommt aus Hamburg, muss dort gemeldet sein, also auch Arbeit dort haben!“

Gerrit nickte.

„Lass uns ausschlafen und dann hängen wir uns an das Telefon morgen früh!“

Beide, Gerrit und der Pathologe standen um acht Uhr in der Frühe auf.

Hinnerk hatte Kaffee gekocht und zwei dampfende Tassen standen in der Küche.

„Dann lass uns mal starten, ich rufe als erstes meinen Kontakt in Hamburg an.

Er soll mir Infos über diesen Matzen geben!“

Gerrit verschwand im Nebenzimmer.

Hinnerk rief bei der Polizei in Fehmarn an, er könnte ein paar Informationen zu Agnes Matzen brauchen.

Er hoffte, die Fehmarner würden sich kooperativ zeigen, sonst musste Rika nachhaken.

Aber erst einmal wollten sie Rika und Haverbeck außen vorlassen, sie hatten jetzt genug andere Sorgen.

Es gab ja auch noch das Einwohnermeldeamt, da konnte er eventuell auch etwas erfahren.

Das würde sein nächster Anruf werden.

Gegen viertel vor zehn kam Gerrit in die Küche.

„Ich glaube, du hattest Recht, Benedikt Matzen arbeitet in Hamburg bei einer Werksfeuerwehr.

Das hat der Sachverständige vermutet.

Dass der Brandstifter beruflich was mit Feuer zu tun hat!“

Er wirkte aufgeregt.

„Ich habe auch etwas, die Kollegen vor Ort waren nicht sehr hilfsbereit.

Wollten sich ungern in die Karten schauen lassen.

Ich habe im Rathaus angerufen.

Die Matzens haben hier eine Fischer Kate mit Bootshaus, von der Schwester von Agnes Matzen vererbt bekommen.

Das Häuschen liegt einsam am Rande, hier irgendwo auf Fehmarn.

Die alte Dame beim Gemeindeamt im Rathaus, erinnert sich, dass Agnes mit dem Bauer vom Düsterhof liiert war.

Sie sind zusammen zur Schule gegangen, also Agnes und die Frau aus dem Amt.

Maria Dögens heißt sie.

Maria meint, dass der Sohn Benedikt vom alten Arno war.

Der musste aber Jorina heiraten, um den Hof zu vergrößern, das war der Wunsch von Jorinas und Arnos Eltern.

Damals wurde das so gehandhabt, also ließ Arno als guter Sohn seines Vaters, die schwangere Agnes sitzen.

Maria meint, die Matzen Schwestern waren sehr gläubig, trotzdem hat Gott ihnen eine schwere Krankheit geschickt und beide waren kaum siebzig, als sie gestorben sind.

Die erste Schwester ist vor gut zwei Jahren verstorben und Agnes ist ihr vor sechs Wochen in den Himmel gefolgt.

Sie ist zum Sterben zu ihrer Heimat Fehmarn zurückgekehrt.

Wir haben nun das Motiv, schlicht und einfach Rache an der Familie, die ihn als Sohn verschmäht hat.

Die Gelegenheit, das einsame Haus und der Beruf, der passt, Feuerwehrmann!“

Hinnerk war ganz aufgekratzt, sie hatten den Fall gelöst.

Gerrit nickte traurig.

„Tja, die Wahrheit ist, dass Lia Joken in eine alte Familienfehde geraten ist und einfach nur zur falschen Zeit am falschen Ort, mit dem falschen Mann war.

Deshalb ist sie einem grausamen Mord zum Opfer gefallen.

Vier Tote und ein schwerverletzter, junger Feuerwehrmann.

Lass uns zu Paul und Rika fahren, sie sollte alles erfahren und ihre Kollegen benachrichtigen!“

„Ich hatte mir unseren Männerurlaub anders vorgestellt!“

Hinnerk nahm seine Jacke vom Stuhl und griff nach seinen Autoschlüsseln…

Ende

Kapitel 1

„Erkennen“

Oberkommissar Paul Haverbeck fuhr langsam in die schmale Einfahrt am Amselweg auf Sylt.

Zwischen den hohen Hecken waren wohltuende Schatten und er zog den Schlüssel aus dem Zündschloss.

Er hatte die Klimaanlage ausgelassen im Dienstwagen und die vorderen Scheiben unten, heute waren es über 30 Grad und das T-Shirt klebte unangenehm verschwitzt an seinem Oberkörper.

Seine Jeans fühlten sich klamm an, diese Hitze war man auf Sylt nur selten gewohnt, da immer ein leichter Wind wehte.

Aber heute war es windstill und die Sonne brannte auch noch um 16 Uhr gnadenlos grell vom Himmel.

Er strich die schweißfeuchten Haare aus der Stirn und freute sich auf die Kühle in seinem kleinen Haus.

Das winzige Gärtlein hinter dem Haus lag jetzt auch im Schatten und er sehnte sich nach einer ausgiebigen kalten Dusche.

Der heutige Montag hatte sich irgendwie lang angefühlt, als wenn die Zeit stillstünde, der Zeiger der Uhr hatte sich nur langsam vorwärts bewegt.

Seine Schläfen brannten, und sein ganzer Körper fühlte sich irgendwie wund an, das lag an dieser erbärmlichen Hitze, die schon seit 14 Tagen im September auf Sylt herrschte.

Am Donnerstag würde Rika zu Besuch kommen.

Er freute sich auf ein paar Wochen mit ihr.

Sie endlich wiederzusehen und in die Arme zu nehmen, beherrschte in den letzten Tagen seine Gedanken, trotz des telefonischen Kontaktes täglich, vermisste er sie mehr als er sich eingestehen wollte.

Rika hatte sich verändert, alles hatte sich verändert…

Sie baute immer mehr einen Schutzwall um sich herum auf, den er durchbrechen musste, um sie wieder zurückzuholen aus ihrer Welt des Grübelns und der Schuld.

Wobei er sich nicht sicher war, wie ihr Gemütszustand im Moment aussah.

Sie skypten regelmäßig., beinahe täglich.

Dabei war ihm mehrfach aufgefallen, wie zart und blass sie wirkte, dunkle Ringe unter ihren Augen, das Gesicht fast eingefallen.

Ihre Hände fahrig und nervös, wirkten regelrecht knochig, sie musste noch mehr an Gewicht verloren haben.

Als er sie darauf ansprach, sagte sie, dass alles okay wäre, sie nur schlecht schlafen würde.

Sofort erkannte er die Lüge, die davon ablenken sollte, wie schlecht es ihr mittlerweile auch körperlich ging.

Paul wollte ihr helfen, wusste aber nicht wie.

Die Entfernung und das er sie nicht in den Arm nehmen und trösten konnte, belasteten ihn selbst, jeden Tag ein kleines bisschen mehr.

Während er aus dem dunklen Kombi stieg, überlegte er weiter.

Es war jetzt drei Monate her, seit er seine ehemalige Kieler Partnerin wiedergesehen hatte.

Es waren mehrere Jahre, in denen sie zwar Kontakt hatten, sporadisch über E-Mail, aber erst nach fast acht Jahren trafen sie wieder aufeinander.

Paul hatte auf Fehmarn Urlaub machen wollen, mit seinen beiden engsten Freunden Gerrit und Hinnerk.

Doch es kam anders als gewünscht.

Rika hatte einen vierfachen Mord zu verkraften, in dem ihre Halbschwester unter grausamen Umständen zu Tode kam.

Der Oberkommissar und seine Freunde, hatten geholfen wo sie konnten, der Urlaub hatte sich erledigt. Nach der Aufklärung des Falls war die

Stimmung gedrückt, sodass Hinnerk und Gerrit früher abreisten.

Er selbst war geblieben um Rika beizustehen.

Doch die Trauer und die Schuldgefühle, um ihre tote Schwester hielten Rika fest umfangen, als Paul nach drei Wochen Fehmarn verließ.

Es würde ihr erstes Wiedersehen werden, sie hatten zarte Bande geknüpft, aber alles war von der Grausamkeit der Morde überschattet worden.

Langsam ging er zwischen den Hecken den schmalen Torweg bis zur Haustür entlang, tief in seine Gedanken versunken.

Gnadenlos brannte die Sonne vom Himmel, selbst die Vögel schwiegen, hatten sich in kühlere Bereiche in den Baumwipfeln zurückgezogen, suchten Zuflucht vor der flirrenden Wärme des Tages.

Klickend sprang das Schloss an der friesisch blauen Haustür auf und er trat in den dunklen Schatten des Flures ein.

Hörbar seufzte Haverbeck auf und zog sofort die Sneaker samt Socken im Flur aus.

Die eisige Kälte der Stein Fliesen im Flur waren ein angenehmer Schock für seine nackten Füße.

Auch seine Lunge genoss die kühle Atemluft sofort und unwillkürlich überzog eine feine Gänsehaut seinen schweißfeuchten Körper.

Auf dem Weg in die Küche zog er das durchgeschwitzte Shirt aus und warf es durch die offene Badezimmertür vor die Waschmaschine…

Er würde später die Maschine anmachen, er hatte das Gefühl, als wenn er in den letzten Tagen für eine Großfamilie waschen musste.

Gott, war das ein heißer Tag gewesen, wahrscheinlich der wärmste seit Jahren.

Er öffnete den silbergrauen Kühlschrank und griff nach einem Weinglas, hinten auf der Arbeitsplatte.

Mit lautem Klirren füllte er sich mehrere Eiswürfel in das Glas.

Eiskalt strömte ein Lufthauch aus der geöffneten Kühlschranktür und er genoss abermals das Gefühl eines Fröstelns, wie er es schon beim Hineinkommen ins Haus empfunden hatte.

Dann warf er die Kühlschranktür zu und ging langsam mit dem Glas in der Hand ins Wohnzimmer herüber.

Im Haus war es angenehm kühl, 21 Grad zeigte das elektronische Thermometer an der Wand.

Langsam nahm er die angefangene Flasche Weißwein von der Bar und entkorkte sie.

Mit einem Plätschern füllte er sich das bauchige Glas zur Hälfte auf.

Dann nahm er einen kleinen Schluck und fischte einen der Eiswürfel aus dem Glas.

Langsam rieb er mit dem Würfel über die linke Schläfe, anschließend über die rechte.

Seit heute Morgen schon plagten ihn pochende Kopfschmerzen, auch das war wohl dem Wetter geschuldet.

Das Ziehen im Kopf ebbte langsam ab und er nahm die vier Schritte zur Verandatür und öffnete das Schloss.

Mit einem leisen Quietschen löste sich der Riegel und er trat geräuschlos auf die warmen Steinplatten der Terrasse nach draußen, die Hitze stand hier zwischen den Hecken und Mauern der umliegenden Häuser.

Sofort zog er die Terassentür hinter sich zu, um die Wärme aus den Innenräumen fernzuhalten.
Der kleine Garten erblühte in sommerlich bunter Farbenpracht und er dankte seinem Nachbarn im Geiste, der den kleinen Garten für ihn pflegte.

Das Summen der Insekten und ganz leises Vogelgezwitscher umfing ihn, als er hinaustrat.

Sein Nachbar war Frührentner und liebte die Gartenarbeit, das war Glück für Paul.

Die kleine Bank im Schatten unter der japanischen Kirsche lud zum Verweilen ein.

Nur mit seiner Jeans bekleidet schritt er barfuß über den kurz geschnittenen Rasen zur Bank und ließ sich mit einem Seufzen auf die weichen Polster nieder.

Das Gras kribbelte unter seinen Fußsohlen, der Boden fühlte sich warm an.

Es roch nach Erde und Blüten, selbst die sengende heiße Luft vermeinte, er riechen zu können.

Der dicke rote Kater aus der Nachbarschaft gesellte sich zu ihm und begann seine weißen Pfoten mit der Katzen eigenen Leidenschaft zu putzen.

Gedankenverloren kraulte Paul dem schnurrenden Fellbündel den Nacken und nippte an seinem eiskalten Weißwein.

Dann sortierte er die Fäden in seinem Kopf langsam weiter…

Was, wenn Rika sich nicht mehr erholte von dem Schock?

Er selbst wusste nur zu gut, wie der Tod eines geliebten Menschen einen aus der Bahn werfen konnte.

Vor acht Jahren hatte Paul seine Frau Sarah verloren, durch einen Autounfall, dessen Umstände mysteriös und ungeklärt waren.

Das machte ihn heute noch fertig, er durfte nicht wieder ins dumpfe Grübeln verfallen.

Vor einem viertel Jahr, auf Fehmarn, als er Rika wieder gesehen hatte, wusste er das er neu anfangen wollte, die Monate des Grübelns hinter sich lassen.

Mit ihr wollte er diese letzten guten Jahre in seinem Leben verbringen, der Einsamkeit endlich entrinnen….

Sie war die Einzige, die für ihn in Frage kam, durch Höhen und Tiefen waren sie beide in fast zehn Jahren Partnerschaft im Polizeidienst gegangen.

Rika hatte ihn immer verstanden, immer unterstützt, ihn gestützt.

Aber nach dem plötzlichen Tod von Sarah, igelte er sich ein, wollte allein sein, wollte weg.

Alles hinter sich lassen, vergessen, in der Vergangenheit versinken, wenn er allein war.

Viele Jahre vermisste er seine Frau, fragte sich warum sie sich gegen Kinder entschieden hatten, damals.

Der Beruf war beiden wichtiger gewesen, Sarah leitete eine große Parfümerie in der Kieler Innenstadt, er liebte seinen Beruf bei der Polizei.

Beide wollten sie nicht verzichten, manchmal, im Nachhinein hatte er sich gewünscht sie hätten sich anders entschieden.

Kinder hätten seinem Leben einen Sinn gegeben, nach ihrem Tod, hätte sie weiterleben lassen, bei den Kindern hätte er Trost gefunden.

Die Momente der Einsamkeit in der alten Wohnung erdrückten ihn, ließen ihn gewahr werden, wie allein er war.

Neu anfangen, die Zeit in Kiel und den Tod seiner Frau hinter sich lassen, das erschien ihm am sinnvollsten.

In dieser Stadt war der Tod allgegenwärtig, Gewalt und Kriminalität hier an der Tagesordnung.

Er beschloss dann spontan sich versetzen zu lassen, irgendwo ganz neu anzufangen.

Nicht um Sarah oder seine Ehe zu vergessen, sondern um einen neuen Lebensabschnitt anzufangen, an einem Ort wo man ihn allein kennenlernte, ohne seine Ehefrau.

Niemand der ihn bemitleiden würde, fragen würde, wie er sich fühle, so allein nach vielen Jahren der Zweisamkeit.

Niemand der ihm als Witwer nur geheuchelte Trauer und Mitleid entgegenbringen würde.

Als er die vakante Stelle auf Sylt in der Ausschreibung sah, entschloss er sich sofort zu gehen, alles endgültig hinter sich zu lassen.

Der Abschied von Rika war für ihn mit eine der schwierigsten Entscheidungen seines Lebens.

Er konnte, wollte seiner langjährigen Freundin und beruflichen Partnerin nicht in die Augen sehen, wenn er ihr die Versetzung mitteilte.

Am liebsten wäre er einfach Wort- und abschiedslos verschwunden.

Deshalb hinterließ er ihr damals eine Nachricht auf ihrer Mailbox.

Voller Scham dachte er heute daran zurück.

Die jahrelange Partnerschaft im Job hatte sie eng zusammengeschweißt, doch auch dem wollte er entfliehen, allein mit seinem Kummer sein und sich erst einmal wieder zurechtfinden in der neuen Welt.

Rika hätte ihn auch bedauert und den bemitleidenswerten einsamen Witwer in ihm gesehen.

Sie hatte es ihm nicht einmal übelgenommen,

so wie sie ihm nie etwas nachgetragen hatte in all den Jahren. Rika hatte ein paar Monate später in einer E-Mail über ihre Versetzung nach Fehmarn berichtet und ihm alles Gute gewünscht,

Danach hatten sie immer mal wieder sporadischen Kontakt gehalten, alle Viertel Jahre mal eine Mail getauscht.

Seine tiefen Wunden waren langsam von innen nach außen geheilt, und Anfang des Jahres spürte er erstmalig, dass er etwas vermisste.

Eine Frau in seinem Leben, das Lachen und die Leichtigkeit in einer Lebenspartnerschaft.

Da erinnerte er sich plötzlich gerne an die langen Stunden, die sie bei Observationen gemeinsam verbracht hatten, ihr Lachen, als er sie immer wieder neckte.

Ihr hübsches Gesicht, wenn er sie anschaute, die Stirn vor Konzentration gerunzelt, wie sie ihre Lippen dann schürzte.

Rika war immer eine Frohnatur, trotz dem Elend, das sie täglich sahen, trotz aller Gewalt in ihrem Umfeld.

Und dann traf es ihn mit einem Schlag, er vermisste seine ehemalige Kollegin und Freundin, sie fehlte ihm, mehr als er es sich eingestehen mochte.

Spontan aus dem Bauch heraus hatte er seinen Laptop angeschaltet und eine knappe Mail an sie verfasst.

Beim Senden der Nachricht war ihm der Gedanke gekommen, was wäre, wenn sie inzwischen jemand an ihrer Seite hatte, diesen Gedanken versuchte er schnell auszublenden

Ihre Antwort ließ zu Glück nur eine Stunde auf sich warten, ihre Freude von ihm zu lesen wirkte echt, nicht geheuchelt.

Dann entstand ein regelmäßiger Kontakt über Mail oder Nachrichten am Telefon.

Anfangs waren die getauschten Mails untereinander noch unpersönlich, zurückhaltend.

Aber bald schon spürte er wieder ihre Frohnatur, sah ihr Lächeln im Geiste vor sich.

Jetzt wusste Haverbeck es genau, er wollte sie unbedingt wiedersehen, ihr lachen hören, über alte Zeiten mit ihr reden, dass ein oder andere gemeinsam mit ihr aufarbeiten.

Vergangenes was schlecht war, konnte man ruhen lassen, sich anschließend auf die Gegenwart und die Zukunft konzentrieren.

Der Urlaub auf Fehmarn war ein wirklich guter Entschluss gewesen, wer konnte ahnen, dass solche grausamen Umstände, der neu gewonnenen Nähe, abrupt ein Ende setzen würde?

Sein alter Freund, der Pathologe Gerrit Moor hatte diesen Urlaub initiiert.

Er drängte Paul schon lange immer wieder unter Menschen zu gehen, eine neue Beziehung anzustreben, sich nicht in der Einsamkeit zu suhlen.

Wehmütig dachte er an den Abschied auf Fehmarn, wie sehr es ihm widerstrebte, sie allein zurückzulassen…

Er wusste selbst nur zu gut, was Trauer anrichten konnte, gepaart mit dem Alleinsein war es in manchen Momenten schier unerträglich.

Schmerzerfüllt, in manchen Stunden dem Wahnsinn nah, allem ein rasches Ende setzen zu wollen.

Tränen die ununterbrochen flossen, Appetit und Schlaflosigkeit, gemischt mit dem Gefühl vollkommener Hoffnungslosigkeit.

Angst, sich selbst zu verlieren in dieser schwarzen Wolke und nie wieder in die Helligkeit zurückzufinden.

Er hatte es geschafft, aus eigener Kraft, mit der Hilfe seines jungen Kollegen Hinnerk, der ihn mit seinem Enthusiasmus, Humor und Lebensfreude angesteckt hatte.

Der tägliche Umgang mit einer solch positiven Energie hatten ihn wiederbelebt, ihn den Weg zurück ins Helle wiederfinden lassen.

Nun musste er Rika helfen, aus der Dunkelheit zurück, zu ihm zurück und wieder ins Leben zu finden.

Spontan entschied er sich ein paar Wochen später nach seiner Rückkehr, ihr anzubieten, zu ihm nach Sylt zu kommen.

Nicht nur auf Urlaub, sie sollte sich überlegen, ob sie mit ihm leben wollte.

Sein Angebot war aus tiefstem Herzen gekommen, ohne zu überlegen, ohne die Konsequenzen zu bedenken.

Für ihren Dienst würde sich eine Lösung finden lassen.

Bis heute hatte sie sich nicht geäußert, nun würde sie in ein paar Tagen wieder bei ihm sein, dann mussten sie entscheiden, wie es weitergehen würde.

Er ängstigte sich vor diesem Augenblick, das Thema bei ihr anzusprechen.

Angst vor einem Nein ihrerseits, schnürte ihm nur bei dem bloßen Gedanken daran, die Kehle zu.

Die Erkenntnis das er sie liebte hatte er schon bei dem ersten Wiedersehen mit ihr, gefunden.

Er konnte und wollte sie niemals wieder allein lassen, sie sollte sich auf ihn verlassen können, so wie er es in ihrer jahrelangen Freundschaft täglich verspürt hatte.

Das schrille Piepen seines Telefons riss ihn aus seiner Gedankenwelt, schwerfällig erhob er sich, was der Kater mit einem lauten missfälligen Mauzen quittierte.

War das Rika?

Die vielleicht jetzt absagte?

Ihm mitteilen würde sie habe es sich überlegt und wollte auf Fehmarn bleiben, ihn nicht einmal besuchen?

Nutzte nix, missmutig machte er sich auf den Weg ins Haus, er musste drangehen.

Es hatte sich etwas abgekühlt, seine Eiswürfel im Wein waren mittlerweile geschmolzen, der Wein war nun völlig verwässert.

Ein leichter Wind ließ die Gräser an der Terassentür leise rascheln, und Paul spürte wieder erleichtert den Lufthauch auf seiner erhitzten Haut.

Bevor er mit einem mulmigen Gefühl im Bauch den Hörer abnahm, blickte er auf die Wanduhr die Zeiger standen auf kurz nach sechs.

Erstaunt registrierte er, dass schon fast zwei Stunden verstrichen waren, seit er grübelnd im Garten saß.

"Ja, Haverbeck!"

Die Lebenslust von Hinnerk Rauch, quoll förmlich aus dem Telefonhörer.

"Chef, ich bin's. Wir wollen noch ins Café Ortmann, Dörthe, Sören und meine Wenigkeit.

Haste Lust? N Happen essen? So gegen halb acht ?!"

Hinnerks Stimme klang fröhlich, Paul nickte knapp und sagte erfreut zu.

Die trüben Gedanken würden sich in der Gesellschaft seiner drei jungen Kollegen erfolgreich vertreiben lassen.

Es war Zeit genug für eine lange Dusche und den kurzen Weg. Er würde das Rad nehmen, die schwüle Hitze schien langsam abzuklingen und er könnte wenigstens ein kaltes Bier trinken.

Froh über die Ablenkung legte er den Hörer auf und holte sich frische Kleidung aus dem Schlafzimmer.

Es würde ihm entschieden besser gehen nach einer Dusche und einem guten Essen, gepaart mit einem Glas Bier.

Jetzt hörte er seinen Magen knurren, das passte gut, er konnte sich ein schönes Steak gönnen, die Unterhaltung mit seinen quirligen Kollegen würde ihn aus seiner grüblerischen Stimmung herausholen.

Rasch stieg er aus seiner klammen Jeans, und stopfte die Unterhose mit dem vor der Waschmaschine liegende Berg Wäsche in die Trommel des Geräts.

Die Tasten gaben leise Pieptöne von sich als er den Waschgang einschaltete, die Maschine blinkte hektisch.

Anschließend stellte er sich in die ebenerdige Glaskabine und drehte die Regendusche auf, genoss das prickelnde, kühle Wasser auf seiner vom Tag aufgeheizten Haut.

Die Dusche weckte seine Lebensgeister und ließ ihn abermals sein Magenknurren hören, jetzt hatte er endgültig Hunger bekommen.

Der Griff nach dem duftenden weichen Badetuch, mit einem Seufzen der Erleichterung schlang er sich den Stoff um die Hüften.

Lächelnd bürstete er seine Haare in Form, Deo in die Achseln und etwas Rasierwasser an den Hals, schon fühlte er sich besser.

Den struppigen Fünftagebart konnte er morgen etwas stutzen, das er gut aussah, wenn seine Rika kam.

Lächelnd zog er den frischen Slip und eine knielange Jeans über, ging zum Schrank herüber und griff ein Weißes Shirt aus dem obersten Stapel in dem Schrankfach.

Der Stoff war dünn und leicht, es roch frisch nach Waschpulver und fühlte sich angenehm kühl an als es über seine Schultern glitt.

Geduscht mit sauberen Sachen fühlte er sich wie neu geboren, und er pfiff gut gelaunt ein Liedchen, während er rasch die Terrassentür abschloss und sein Mountainbike aus der Garage holte.

Er schwang sportlich sein linkes Bein über die Stange und winkte seinem älteren Nachbarn, der hinter der Gardine die Straße mit wachsamen Augen beobachtete.

Dann machte er sich fröhlich strampelnd auf den Weg in den Ortskern.

Er grinste in sich hinein, die Nachbarschaft bestand überwiegend aus älteren Ehepaaren, die froh waren einen Polizisten nebenan zu haben, ängstlich beobachteten sie alle, wenn er das Haus verließ.

Letzten Endes half er gerne und freute sich, wenn er den älteren Herrschaften ein Gefühl der Sicherheit geben konnte, wenn er auch nicht immer wusste, warum sie es so empfanden.

Aber die Empfindung gebraucht und geschätzt zu werden, gaben einem selbst das Gefühl der Heimat und der endgültigen Verwurzelung mit der Insel Sylt.

Am Himmel zogen langsam dunkle Wolken auf und ein böiger Wind fegte über den trockenen Asphalt.

Es roch nach Regen….

Die große Hitze sollte nun vorbei sein laut Wetterkarte, langsam würde der Herbst nahen und mit ihm andere, kühlere Temperaturen.

Ein Glück, dachte er, endlich war diese elendige Hitze vorbei und eine Abkühlung in Sicht...

Paul trat kräftig in die Pedale, seine Armbanduhr zeigte erst kurz nach sieben an, er würde bestimmt als erster am Café sein, es war ihm egal, so konnte er noch mal seine vielen Gedanken sortieren.

Es war wenig Verkehr auf den Straßen, bei der Wärme verlies man ungern die kühle Wohnung, aber er fand es jetzt schon wesentlich erträglicher als am Nachmittag.

Der Fahrwind kühlte angenehm und vom Wasser her wehte ein stetiger Wind, der die Temperatur immer weiter runter drückte.

Seine Laune verbesserte sich mit jeder Minute und die Aussicht auf einen angenehmen Abend im Biergarten mit seinen Freunden hatte die trübe Stimmung in seinem Innersten gänzlich vertrieben.

Zehn Minuten später schob er in der Fußgängerzone das Rad in einen Fahrradständer und befestigte akribisch sein Felgenschloss.

Nur weil er Polizist war, schützte ihn das nicht vor Diebstahl.

Es war voll im Biergarten des Café Ortmann, suchend glitten seine Augen über die vielen besetzten Tische, er hoffte Hinnerk hatte einen Tisch reserviert, sonst würden sie warten müssen.

Auch wenn man sie als Stammgäste kannte wollte er keine Vorzugsbehandlung, hoffte auf den Intellekt seines Kollegen frühzeitig reagiert zu haben.

Ganz hinten rechts, in der Ecke, im Schatten unter der Markise hob sich eine weibliche Hand, winkte ihm energisch zu.

Lächelnd erspähte er Dörthe seine junge Kollegin und Untergebene im Dienstgrad, in der Freizeit war sie kaum wieder zu erkennen, mit ihrem offenen Haar und dem leichten rosa Sommerkleidchen bekleidet.

Er schlängelte sich durch die voll besetzten Tische mit lachenden, schwatzenden Menschen und umarmte Dörthe flüchtig.

Richtig hübsch sah sie heute aus, sonnengebräunt und mit ihrem ansteckenden Lachen im Gesicht.

Er schob sich schnell neben sie auf die Bank und fuhr sich mit der Hand durch seine vom Fahrtwind zerzausten braunen Locken.

Dörthe lachte ihn an und schwatzte sofort drauf los, wie immer.

„Wir sind die ersten Chef, Hinnerk ist unterwegs und Sören wird wie immer zu spät kommen, kennen wir ja.

Ich habe dich gesehen und schon mal ein Kühles Blondes für dich bestellt, mit dem Fahrrad gekommen und jetzt bestimmt sehr durstig bei der Wärme. Aber es kühlt langsam ab!“

Sie hatte eine Hand auf seinen Arm gelegt und strahlte ihn lachend an.

Er kniff ihr scherzhaft in die Wange und lachte fröhlich mit.

„Du bist die Beste, was würde ich nur ohne euch machen, wie ein Stein in der tosenden Nordsee untergehen, würde ich!“

Sie lachten beide, als die Bedienung das Bier vor ihm abstellt.

Es würde ein geselliger Abend werden…

Sie schlendert einsam von der Strandpromenade hoch über die leere Geschäftsstraße in Westerland.

Die Wärme hatte endlich abgenommen, aber innerlich fror sie erbärmlich.

Eine leichte Strickjacke die sie eng um sich gewickelt hatte, trotz der über 33 Grad am Tag, machte es ein wenig erträglicher

Mehrere der kleinen Läden hatten noch geöffnet, aber es waren nur wenige Fußgänger unterwegs, die uninteressiert an den Schaufenstern vorbeigingen.

Dumpf über ihre Gedanken brütend war sie den ganzen Tag bei der abartigen Hitze im klimatisierten Haus geblieben, aber die Rastlosigkeit ihrer Seele hatte sie gegen Abend an den nun einsamen Strand getrieben.

Die Hoffnung, ihre dunklen Gedanken, der Hass und die Wut in ihrem Inneren würden sich besänftigen lassen, wenn sie nur die See laut rauschen hörte.

Auf Sylt geboren und aufgewachsen, hatte sie schon als kleines Mädchen das Rauschen der Wellen geliebt, immer wieder Trost und neue Hoffnung aus einem ausgiebigen Strandspaziergang gewonnen.

Deshalb hatte sie das Haus auf Sylt behalten, auch nach dem Tod beider Elternteile.

Die Villa in Dänemark war traumhaft gelegen, aber nie zu ihrer eigenen Heimat geworden.

Hier war sie geboren, nur auf Sylt fühlte sie ihre Wurzeln, auch wenn hier niemand um sie herum war, der sie noch kannte.

Nach dem Tod ihres geliebten Mannes in Kiel, hatte sie gezweifelt, ob sie zurück in das Haus in Kampen wollte, zu viele schöne Erinnerungen waren hier für sie, ihren Bruder und ihre Mutter sah sie überall in dieser alten Villa.

Die Anfänge ihrer Liebe, wenn er sie hier besucht hatte, um mit ihr auf der Insel zu weilen.

Er war ihre große Liebe gewesen, die Liebe ihres Lebens.

Ohne ihn schien alles auf einmal so sinnlos, so leer, so ohne jede Freude…

Gute acht Jahre war sein grausamer Tod nun her, man hatte ihr damals versprochen, die Zeit würde alle ihre Wunden heilen.

Diese Wunde, die sie innerlich zerfetzt hatte, ihr jeden Tag alle Kraft raubte weiter zu atmen, irgendwie nur zu überleben.

Es gab viele Momente, wo nur der Tod sie heilen konnte, so empfand sie eine lange Zeit Tag für Tag, wenn sie aufwachte oder wenn sie einschlief.

Aber diese Wunde heilte nicht, sie wollte auch keine Heilung, entfernte immer wieder die Kruste, die sich bildete, riss den Schorf hinunter, lies nicht zu das sich eine Vernarbung bildete.

Wieder und wieder sah sie sein Gesicht, egal wo sie sich auch befand, seine leeren gequälten Augen, der tote Blick, der ins Nichts starrte.

Sie hatte das Bild seines Leichnams stets vor Augen, konnte es nicht aus ihrem Kopf verbannen.

Das geliebte Gesicht, das ihr stetig Kraft und Mut gegeben hatte, um zu leben, zu existieren.

Warum hatte sie nichts tun können, warum hatte man ihr das Einzige, was ihr jemals im Leben wichtig gewesen war, nur genommen?

Sie würde diese einzige Liebe mit ins Grab nehmen, nichts und niemand konnte ihr jemals den Geliebten ersetzten…

Jahrelang hatte sie Wut und Zorn, Hass und Mordlust genährt, sich gerächt, einmal …

Sie hatte getötet, dem Mann auch alles genommen, der in ihren eigenen Augen an allem die Schuld trug.

Die Genugtuung über ihre Tat, den schrecklichen Schmerz des Übeltäters zu sehen, hatten sie nur kurzzeitig befriedigt, nicht auf Dauer.

Nach einem halben Jahr hatte die Wunde erneut wieder zu bluten angefangen, rastlos und getrieben war sie in der weiten Welt herumgereist.

Fremde, exotische Länder, viele neue Gesichter, aber die Hoffnungslosigkeit holte sie überall ein.

Der klägliche Versuch ihren Kummer in Alkohol zu ertränken, Tabletten und Drogen wie Süßigkeiten zu sich zu nehmen, war ohne jeden Erfolg.

Nichts hatte ihr geholfen, nichts hatte ihr endgültiges Vergessen geschenkt.

Trauer Beratung, mehrere Psychologen, die ihr schwere Depressionen bescheinigten, alles ohne Erfolg.

Letzten Endes half nur der Hass, unbändiger Zorn auf alles und jeden, den sie immer und immer wieder nährte und pflegte.

Niemand hielt es lange mit ihr aus, noch nicht einmal bezahlte Hausangestellte wollten bleiben, um ihr zu helfen.

Sie hatte anschließend ihren Mädchennamen wieder angenommen, war zurück nach Hause gekommen, außer ein paar ältere Nachbarn hatte niemand mehr eine Erinnerung an die junge Frau von früher.

Durch ihn erst war sie zu einem neuen Menschen geworden, durch ihn war sie aufgeblüht, er hatte damals ihr Potenzial erkannt und sie aus ihrem Schneckenhaus geholt.

Sie in ein neues und schöneres Dasein entführt.

Mit ihm hatte sie das Leben und die Liebe erfasst, Leidenschaft, Lust und Dekadenz kennen gelernt.

Er war von Anfang an ein Narzisst gewesen, so hatte sie ihn bekommen, immer mit einem Bein im Gefängnis wegen seiner Zwielichtigen Machenschaften rund um die Welt.

Aber all das hatte sie nicht gestört, er vergötterte sie, seit er sie kannte. Sie war seine Schöpfung gewesen, ohne ihn war sie nichts auf der Welt. Nach seinem Tod rutschte sie wieder in das bodenlose Loch, aus dem sie einst gekommen war.

Nun war sie wieder allein, nichts konnte die Leere in ihr füllen, die sie empfand, nichts konnte den Verlust mildern, den Schmerz dämpfen, den sie jede Sekunde verspürte.

Dumpf brütend übersah sie all die bunten Auslagen in den Schaufenstern, ihr Blick war leer und starr.

Ihr Gang schleppend und müde, mit fast fünfzig war sie nicht alt, aber sie ging gebückt und schlurfend, ihre Schritte erinnerten den Betrachter an eine uralte Frau.
Das Geld, was sie besaß, die Immobilien, der Schmuck, alles das bedeute nichts, wenn niemand da war, der einen liebte.

Die Welt war so grausam, Menschen waren grausam, es gab keine Gerechtigkeit auf dieser Erde…

Nur Hass und Verderben…

Ihre Augen erfassten das gefüllte Café Ortmann, lebenslustige Menschen jedweder Gesellschaftsschicht und aller Altersklassen, die lachten, tranken und das Leben feierten.

Männer, Frauen, Kinder… ob sie wussten, wie wichtig diese Verbindung war?

Freundschaft, Liebe, Familie?

Der Biergarten an der Promenade quoll förmlich über vor Lebenslust.

Sie blieb einen Moment stehen, ein leichter Wind wehte durch ihr raspelkurz geschnittenes Haar, die Augen hinter der dunklen Sonnenbrille fingen spontan an zu tränen.

Sie hatte damals ihre einst hüftlangen Locken nach seinem Tod abrasiert, er bürstete jeden Abend ihr Haar zu seinen Lebzeiten, liebte den

Duft, den es ausströmte, und genoss die Blicke, die andere Männer ihr hinterherwarfen.

Mit dem Verlust ihrer langen Haare, war eine Kälte in ihr eingezogen, sie legte keinen Wert mehr darauf sich hübsch zu machen, sich zu Schmücken.

Für wen auch?

Es würde kein Mann mehr in ihr Leben kommen der ihm das Wasser reichen konnte.

Ihre Existenz war vorbei…

Einen Augenblick blieb sie stehen, schaute auf das bunte, laute Treiben im Biergarten vor ihr.

Musterte die vielen einzelnen Gesichter, fragte sich wer sie wohl waren, in welcher Beziehung sie zueinanderstanden.

Sie lehnte sich an die kühle Häusermauer hinter ihr und begann Tisch für Tisch zu betrachten und die daran sitzenden Personen zu hinterfragen.

Wer waren sie, wie konnten sie so unverschämt glücklich sein, würde es für immer so bleiben?

War nur ihr kein Glück mehr vergönnt, war nur sie der einsamste Mensch auf dieser Welt?

All diese Fragen rissen sie für eine Weile aus ihrer abgrundtiefen Düsternis, zeigten ihr das für andere das Leben stetig weiterging.

Der letzte Tisch in der Ecke, ein lachendes Pärchen…

Sie war wesentlich jünger wie er, vertraut lachten sie miteinander, er schien sie zu necken und zwickte in ihre Wange.

Sie sah nur sein Profil, das wellige dunkle Haar, nun drehte er sich langsam in ihre Richtung.

Ein gleißender Blitz schoss durch ihren Kopf, Schwindel erfasste sie, ihre Hände krampften sich ruckartig zusammen, sodass sich die kurzen Fingernägel ins Fleisch gruben.

Heute hatte sie kaum etwas zu sich genommen, dennoch stieg ihre Magensäure die Kehle hinauf und sie musste unwillkürlich würgen.

Ihre Atmung ging plötzlich stoßweise und ihr Herz raste wie auf einer Achterbahnfahrt,

das Gefühl ohnmächtig zu werden erfüllte in diesem Moment all ihre Sinne.

Ein paar Sekunden später hatte sie sich wieder gefasst, sog tief Sauerstoff in beide Lungenflügel und ermahnte sich weiter ruhig zu atmen.

Dieses verhasste Männergesicht würde sie überall erkennen, Paul Haverbeck, der Mann, der ihren Ehemann damals in Kiel ins Gefängnis brachte.

Er hatte ihn verhaftet und abgeführt, vor ihren Augen.

Wie Dreck hatten sie ihn in den Streifenwagen gedrückt, so hatte es angefangen.

Tränen schossen in ihre Augen, wenn sie an diesen Abend zurückdachte vor knapp neun Jahren.

Der Polizist der an allem Schuld war…

Die Untersuchungshaft hatte ihren Geliebten so sehr verändert und kurz vor dem Prozess fand man ihn erhängt in seiner Zelle auf.

Die Ursache für den Suizid damals war ungeklärt geblieben, der Prozess wurde abgesagt.

Bis heute war sie noch immer davon überzeugt, über all die Jahre hinweg, das man ihn umgebracht hatte.

Die russischen Verbindungen, reichten auch in den hintersten Winkel des Gefängnisses.

Er hätte in Schutzhaft gehört, dann wäre vielleicht alles anders gelaufen.

Niemals würde er sie im Stich lassen, niemals Hand an sich selbst legen, das wusste sie schon damals so sicher wie der Tod ihr eines Tages war.

Dieser Mann dort drüben, der sein Leben jetzt genoss, mit einer neuen Frau an seiner Seite, der glücklich lachte mit seiner Geliebten, die seine Tochter sein konnte…

Ekel und Hass überkamen sie plötzlich, egal ob sie seine Tochter war oder nicht, sie würde es herausfinden und wenn es das Letzte war, was sie tat.

Was machte er hier auf Sylt, so viele Jahre nach dem Tod seiner Frau?

Sie hatte einst von Hass und Wut erfüllt dafür gesorgt, dass die Frau des Kommissars starb, hatte sich an dem Elend ergötzt, was er damals empfinden musste.

Auge um Auge, Zahn um Zahn…

Aber irgendwann war er ihr unwichtig geworden, ihre eigenen Probleme hatten überhandgenommen.

Nun saß er hier und lebte ein fröhliches Dasein, mit einer neuen Frau neben ihm, er wirkte glücklich und gelöst, sah aus wie das blühende Leben.

Während sie selbst ein Schatten ihrer selbst war, ausgezehrt, zerstört und hoffnungslos unglücklich…

Zorn war eine sehr mächtige Waffe, sie würde diese Waffe erneut zum zweiten Mal einsetzen und sein Leben wie er es kannte abermals zerstören.

Wieder war sie bereit zu töten, nicht nur seine neue Geliebte, nein, sie würde auch sein Leben ganz auslöschen…

Diesmal konnte sie es endlich richtig machen, nicht wie damals.

Damals hätte er mit seiner Frau sterben sollen, leider war dieser Plan fehgeschlagen und nur seine Frau erlag den Unfallfolgen.

Da hatte sie es für Gerechtigkeit gehalten, ihren Schmerz über den Tod des geliebten Menschen an seinem eigenen Leib zu erfahren, zu fühlen wie sie selbst.
Die Einsamkeit und Trauer am eigenen Leib zu erleben.
Jetzt würde sie ihn erst leiden lassen und dann töten…
Auch wenn es das letzte war, was sie in ihrem Leben vollendete, vielleicht konnte sie dann endlich ihre Ruhe finden…
Er sollte sterben…

Kapitel 2

„Wiedersehen“

Rika Joken saß etwas aufgeregt im Zug Richtung Lübeck.

Sie hatte sich für die wesentlich längere Anreise per Zug entschieden.

Auch wenn es beschwerlicher war als die Fahrt mit dem eigenen Auto, beschloss sie letzte Woche den Zug zu nehmen.

Sie litt seit dem Tod ihrer Schwester unter Migräneartigen Anfällen und wollte nicht das Risiko eingehen unter schwerem Medikamenteneinfluss Auto fahren zu müssen.

Außerdem konnte sie entspannt im Zug dösen und ihren eigenen Gedanken nachhängen, sich etwas ausruhen, bevor sie Paul wiedersah.

Der Zug war wenigstens klimatisiert, sie konnte die gleißende Sonne nicht mehr ertragen.

Sie hatte das Zugticket online schon Anfang der Woche gekauft, da war es noch brütend heiß.

Gestern war vermutlich der letzte warme Tag des Jahres gewesen, ein Temperatursturz um 15 Grad heute Nacht und einsetzender Sprühregen beendeten das zweiwöchige Spätsommer Intermezzo.

Die Hitze war unerträglich am Tag gewesen.

Rikas Schläfen pochten schon wieder schmerzhaft, was sie dem Wetter zuschrieb und das sie mal wieder zu wenig getrunken hatte.

Nicht mehr so lange und sie wäre kurz vor Sylt, entspannt schaute sie auf die am Fenster vorbeihuschenden Bäume und Strommasten.

Es hatte etwas Beruhigendes an sich, das leichte Rattern der Schienen zu spüren und die vorbeiziehende Landschaft zu sehen, fast schon hypnotisch in der Wirkung.

Noch immer ein feiner Sprühregen über der Landschaft, aber in der Ferne konnte sie etwas Blau am Himmel am Horizont erblicken.

Sie reiste nur mit einem großen Rucksack, hatte der Einfachheit halber zwei volle Koffer gestern mit der Post verschickt.

Mit zwei Koffern anzureisen, die sie über den Bahnhof zergeln musste, hatte sie von Anfang an für sich ausgeschlossen.

Sie würden morgen ankommen, alles, was sie bis dahin brauchte, hatte sie in ihren großen Wanderrucksack gepackt.

Jetzt war sie froh, dass sie ihre leichte, regendichte Jacke in der Frühe vom Haken mitgenommen hatte.

Heute Morgen auf Fehmarn war der Himmel auch schon bewölkt gewesen, sie hatte gehofft das sich unterwegs die Wolken auflösten.

Aber es sollte wohl nicht sein, der Himmel passte eigentlich auch besser zu ihrer düsteren Stimmung in ihrem Inneren, momentan.

Eigentlich freute sich Rika so sehr auf das Wiedersehen mit Paul, hatte doch der plötzliche Tod ihrer Schwester vor drei Monaten die Freude über seinen Besuch auf Fehmarn, komplett überschattet.

Als er sie dann einlud mit in sein Haus zu ziehen, bei ihm zu bleiben, hatte sie erstaunt die Luft angehalten.

Damit hatte sie nicht gerechnet…

Danach war in keinem weiteren Gespräch mehr ein Wort darüber gefallen.

Rika hatte das für und wider abgewogen, überlegt, jetzt schon den Dienst zu quittieren.

Dafür war sie eindeutig noch zu jung, vielleicht würde sie auf Sylt noch ein paar Jahre Polizeidienst ableisten können.

Ohne es Paul mitzuteilen, hatte sie letzte Woche unbezahlten Urlaub eingereicht, nach den Vorfällen des letzten viertel Jahres hatte ihr Vorgesetzter verständnisvoll genickt.

Sie solle sich Zeit lassen, es hätte keine Eile, Erholung und ihre Gesundheit wären wichtiger.

Ihrem Chef war also auch nicht entgangen, wie dünn und blass sie geworden war, in den letzten Wochen.

Rika starrte ihr eigenes Gesicht im Spiegelbild der Scheibe an, eingefallene Wangen und riesige Augen mit dunklen Ringen herum.

Wie ein ausgemergelter Pandabär sehe ich aus, ging es ihr unwillkürlich durch den Kopf.

Was würde Paul dazu sagen, wenn er sie so sah?

Zwei Kleidergrößen weniger als vor drei Monaten, ihre Knochen standen überall hervor, wenn sie an sich herunterschaute…

Mit Sorgfalt überlegte sie in der Frühe, was sie anziehen sollte, damit es nicht so ins Auge stach. Er sollte sie nicht bemitleiden, oder sie gar tadeln.

Ja, sie wusste das sie dem Essen zu wenig Zeit widmete und auch nicht sehr auf ihre Ernährung achtete, das musste sie nun endgültig wirklich ändern.

Ihre Schwester wäre sicher unglücklich darüber gewesen, sie so leiden zu sehen.

In den langen, abendlichen Telefonaten mit Haverbeck hatte sie versucht ihm zu erklären, warum sie nervlich am Limit war.

Er verstand sie auch ohne viele Erklärungen, hatte eben deshalb Kiel verlassen, wegen der Grausamkeit und der Kriminalität der Großstadt.

So wie sie auf Fehmarn sich Ruhe erhoffte, ohne Mord oder Totschlag.

Und doch war es passiert, ihrer Familie, ihrer Schwester…

Nichts konnte sie zu ihr zurückbringen…

Wieder schossen ihr Tränen in die Augen, oft passierte das in der letzten Zeit völlig überraschend.

Die Kontrolle und Wachsamkeit, die Rika immer eigen gewesen war, hatte sie komplett verloren.

Dennoch versuchte sie immer im Beruf einen klaren Kopf zu bewahren, deshalb war diese Auszeit mehr als notwendig

Es fühlte sich gerade an, als wenn das Leben aus der Spur herauslief.

Ihrer Spur, die sie in über 40 Jahren immer halten konnte, trotz aller möglichen Schwierigkeiten, die das Leben und der Beruf ihr auferlegten.

Vielleicht konnte sie nun wirklich durch einen Ortswechsel und mit Hilfe von ihrem alten Freund und ihrer heimlichen Liebe, wieder zurück zu ihrer eigenen Gradlinigkeit finden.

Ein kleines Lächeln huschte über ihre Lippen, als sie auf die Uhr schaute, gleich würde sie endlich in seinen Armen liegen können.

Vieles konnte jetzt besser werden, die Einsamkeit und das Allein sein würden in die Vergangenheit rücken.

Nervös nestelte sie am Verschluss ihrer kleinen Umhängetasche, noch einmal schnell durch die Haare bürsten und ein wenig Glanz auf die Lippen könnten nicht schaden.

Sie kniff sich in die Wangen, um ein wenig Röte in ihr Gesicht zu bekommen.

Langsam fing ihr Herz wie wild an zu klopfen und Schmetterlinge flatterten unruhig in ihrem Magen herum.

Ein Taxi am Bahnhof von Sylt würde sie in den Amselweg zu Pauls kleinem Häuschen bringen.

Er hatte ihr viele Bilder von innen und außen geschickt.

Der Zug ratterte jetzt über den Hindenburgdamm durchs Wasser auf die Insel Sylt zu.

Der Himmel war blau und hell geworden, der Regen hatte sich erst einmal verzogen.

Es war später Nachmittag als Paul den Staubsauger energisch in die Wandhalterung steckte, das Haus sollte sauber sein, wenn Rika eintraf.

Er musste sich nun eingestehen das er doch aufgeregt war, sein Magen nervös grummelte und seine Hände ein wenig zitterten.

Ach was, schalt er sich, sie hatte ja noch nicht einmal eine Äußerung gemacht, ob sie sich vorstellen konnte mit ihm zu wohnen.

Vielleicht konnte sie ihren Dienst auf Fehmarn nicht aufgeben, vielleicht wollte sie auch gar nicht mit ihm wohnen.

Das würde sich alles noch zeigen, er wusste noch nicht einmal, wie lange sie vorhatte zu bleiben.

Eine Woche Urlaub hatte er sich auch gegönnt, wollte ihr gerne die schöne Insel zeigen und hoffte das nichts Gravierendes passierte, das seine Pläne vereiteln würde.

Er hatte ja in der Vergangenheit oft festgestellt das alles andere Wunschdenken war, immer wieder machte einem das Leben ein Strich durch die Rechnung.

Aber er würde versuchen positiv zu bleiben und das Beste aus dieser Situation zu machen.

Leise ein Liedchen vor sich hin pfeifend stellte er eine neue Flasche Weißwein und eine Flasche Sprudelwasser in den Kühlschrank.

So weit er sich erinnerte hatte sie immer gern ein Glas Weinschorle nach Feierabend getrunken, vielleicht hatte sie diese Gewohnheit noch nicht abgelegt.

Paul hatte ein bisschen eingekauft, für ein Frühstück morgen und einen kleinen Salat mit Weißbrot zum Abendessen.

Dazu würde er ein gutes Steak auf den kleinen Gasgrill auf der Terrasse legen.

Sie musste müde sein und er wollte sie nicht zum Ausgehen nötigen.

Hinnerk hatte sich gestern angekündigt, aber Paul bat ihn am Telefon das Treffen auf Freitag zu schieben, denn da würde auch Gerrit aus Hamburg anreisen.

Je nach Wetter wollte er vielleicht mit dem Segelboot kommen, oder aber mit dem Auto, wenn es kalt blieb.

Lene, Gerrits Lebensgefährtin wollte unbedingt mit und Gerrit wollte ihr kein schlechtes Wetter auf dem kleinen Boot zumuten.

Heute war Montag, das hieß er hatte Rika ein paar Tage für sich allein.

Er sah sich noch einmal in Wohnzimmer und Küche um, dann rüber ins Schlafzimmer und Badezimmer.

Alle Räume waren sauber und ordentlich, zum Schluss ging er noch mal in das kleine Gästezimmer im Giebel, auch hier hatte er aufgeräumt und das Bett frisch bezogen.

Paul hatte letzten Samstag noch einen schönen Schaukelstuhl erworben, der jetzt an dem kleinen Fenster stand, mit einer weichen Decke und einem passenden Kissen. Auf dem kleinen Nachtisch hatte er einen großen Strauß weiß rosa Rosen nett platziert.

Sie sollte sich hier wohl fühlen und auch nicht gezwungen sein schon in sein Schlafzimmer einzuziehen.

So weit waren sie beide noch nicht, das hatte erst einmal Zeit.

Vorerst sollte sie sich ausruhen und von ihm ein bisschen verwöhnen lassen.

Nervös zupfte er die Bettdecke gerade und hörte in diesem Moment ein Auto in der Auffahrt.

Mit einem schnellen Blick aus dem Fenster sah er ein Taxi zwischen den Hecken.

Jetzt klappte leise eine Autotür, er konnte Stimmen hören.

Mit zwei Sätzen nahm er die kurze Treppe hinunter und lief zum Eingang.

Einen Blick in den Spiegel im Vorbeigehen an der Garderobe, schnell strich er sich seine Locken aus der Stirn.

Dann riss er mit Schwung die Haustür auf und lief Rika entgegen.

Ein Lachen zog durch sein Gesicht, als er auf sie zuging, der riesige Rucksack verdeckte sie fast ganz.

Sie beugte sich ins Taxi und bezahlte gerade den Fahrer, jetzt sah sie Paul und strahlte ihn an.

In diesem Moment fühlte er wie sehr er sie vermisst hatte, gleichzeitig zuckte ein Schmerz durch seine Brust, wie elend sie aussah.

Regelrecht krank, dünn und durchsichtig, ihr Gesicht ausgezehrt.

Das war ihm nicht aufgefallen, da Skype oder die Videoanrufe nie ein klares Bild von ihr gezeigt hatten.

Mit drei Schritten war er bei ihr, der Taxifahrer setzte schon rückwärts aus der Einfahrt hinaus.

Paul zog ihr den schweren Rucksack aus den Händen, stellte ihn in der Einfahrt ab.

„Komm rein, mein Schatz. Was freu ich mich dich endlich hier zu haben!“

Er schloss sie in seine Arme und küsste ihre Stirn.

Sie sagte nichts und vergrub ihr kleines Gesicht an seiner Schulter.

Wie zerbrechlich sie in seinen Armen war, nur nicht feste zupacken, schoss es durch seinen Kopf, sonst zerbrichst du sie.

Noch immer kein Wort von ihr, er fühlte, wie ihr Körper bebte.

Sie weinte, er hoffte doch vor Glück und Erleichterung ihn nun zu sehen.

Jetzt sah sie hoch und lächelte mit tränennassen Wangen.

„Ich bin sehr froh hier bei dir zu sein“, flüsterte sie.

Ihm fiel ein Stein vom Herzen und endlich konnte er sie küssen.

Nachdem er ihr das Häuschen und ihr Zimmer gezeigt hatte, machte er sich ans Abendessen.

Sie wollte sich frisch machen nach der langen Reise, was er verstehen konnte.

Währen er die Dusche hörte, machte er den Salat und drehte anschließend den Gasgrill an.

Dünn und blass war sie geworden, seine Rika.

Aber sie war hier, bei ihm, er würde dafür sorgen, dass sie gutes Essen zu sich nahm und sie ein wenig aufpäppeln.

Als er die Steaks, mit einem lauten Zischen, auf den heißen Rost des Grills legte, hörte er Rika leise die Treppe hinunterkommen.

Barfuß in einem schlabbrigen, blauen Jogginganzug deckte sie nun den Tisch in der Essecke mit dem Geschirr und Besteck, das er schon für sie beide bereitgestellt hatte.

„Man, habe ich einen Hunger nach dem Tag, ich freu mich sehr auf das Essen!“

Rika lachte ihn an und kam auf die Terrasse, stellte sich hinter ihn und schlang beide Arme um seine Mitte.

Endlich fühlte sie sich angekommen, und freute sich auf jeden einzelnen Tag mit ihm der nun vor ihnen beiden lag.

Haverbeck genoss still die Umarmung und dachte nur wie glücklich er jetzt in diesem Augenblick war.

Er würde alles tun damit es so blieb.

Er konnte nicht ahnen das ein paar Tage später sein ganzes Leben auf den Kopf gestellt werden würde und erneut Stunden des Unheils auf ihn und Rika zukamen…

Das Taxi fuhr in die Einfahrt, sie hatte die letzten zwei Tage mühselig damit zugebracht die Adresse von dem Polizisten herauszufinden.
Es hatte sie etliche Mühen und Anstrengungen gekostet, einige alte Gefallen am Telefon einzufordern.
Aber dann hatte sie endlich, was sie wollte.
Wie idyllisch und malerisch, dachte sie gehässig.
Ein kleines Häuschen auf Sylt im Amselweg, er ließ es sich gut gehen, lebte für sich ein scheinbar entspanntes Dasein.
Im Gegensatz zu ihr schien er den Tod seiner Ehefrau nicht sehr zu bedauern, hatte acht Jahre danach in ein völlig normales Leben zurückgefunden.
Im Gegensatz zu ihr, die sich Nacht für Nacht nach ihrem Geliebten Mann und ihrem gewohnten Leben zurücksehnte.
Ihre ganze Existenz hatte sich auf ihn ausgerichtet, ihr Dasein war ohne ihren Mann wertlos.

Was hatte dieser Haverbeck bloß gefunden wonach sie noch immer suchte?
Er schien ja nicht nur eine junge Geliebte zu haben, allem Anschein nach war da noch jemand in seinem Alter, wie er strahlte als er sie sah, einfach zum Kotzen.
Wie schnell er sich doch neu orientiert hatte.
Erneut flammte Hass und Schmerz in ihr auf und das einstmals hübsche Gesicht verzog sich zu einer Fratze.
Diesem widerlichen Frauenverführer würde sie das Handwerk legen, ein für alle Mal.
Wahrscheinlich hatte er damals seine Frau auch schon betrogen, so wie er es jetzt auch tat.
Ob die beiden Frauen wohl voneinander wussten?
Wahrscheinlich nicht, diese hier, die aus dem Taxi stieg wirkte kränklich und verhuscht, ein wenig wie sie selbst sich sah.
Dürr und zerbrechlich, und doch strahlte sie irgendetwas aus.
Das Gesicht, die Haare, was sie aus der Entfernung sehen konnte, kamen ihr irgendwie bekannt vor.
Wer war das bloß?
In ihren hinteren Hirnwindungen erinnerten sie die Züge der dünnen Frau an irgendjemand aus ihrer Vergangenheit.

Sie würde schon noch herausbekommen, wer diese dürre Frau war, die dem Polizisten so ein Strahlen ins Gesicht brachte.
Dann mussten sie halt beide sterben, damit sie ihn ins Unglück stürzen konnte, sich ein Weilchen wieder an seinem Leid weiden konnte.
Und dann musste er auch sterben…
Vielleicht wäre sie dann endlich frei, ja, bestimmt war sie dann frei, wenn sie den Tod ihres Geliebten erneut gerächt hatte.
Auge um Auge, Zahn um Zahn…
Sie bemerkte nicht, dass sich dieser Spruch schon längst erfüllt hatte, in dem sie Haverbecks Frau getötet hatte.
Sie wollte weiter ihre Rache, das Gefühl töten, das in ihrem Inneren wütete.
Ihr Leben wie sie es kannte sollte zurückkehren zu ihr, ihr Kopf sollte endlich Ruhe finden.
Einmal keine Gefühle verspüren, egal welcher Art.
Egal ob Trauer, oder Hass, alles sollte verschwinden…

Verlassen, verloren, einsam und allein…
So würde sie enden, der Tod in Einsamkeit war ihr gewiss.
Sie drückte sich um die Hausecke und ging langsam davon, wirkte wie eine normale

Spaziergängerin, die durch Westerlands Straßen bummelte, auf der Suche nach etwas Erholung. Niemand der sie so sah, ahnte wieviel sündige Abgründe in ihrem Innersten wüteten…

Rika und Paul verbrachten einige Tage in völliger Harmonie.

Der Kommissar hatte ihr in den letzten drei Tagen all seine Lieblingsplätze und Orte auf der schönen Insel gezeigt.

Sämtliche Lokale die er mochte, die Strände und den langen Christian.

Rika fühlte sich, das erste Mal nach langer Zeit entspannt und konnte ihre dunklen Gedanken zeitweilig komplett aus ihrem Kopf verbannen.

Paul ließ ihr nur wenig Zeit zum Grübeln, füllte die Stunden und Minuten mit immer neuen Aktivitäten, sodass sie lachend um eine Auszeit bat.

Sie schätzte Fehmarn als ihre Heimat, jedoch verstand sie nun, warum er dem Charme dieser Insel so verfallen war.

Die weißen Sandstrände, das Gegenteil von buntem Trubel zu vollkommener Ruhe auf so einer kleinen Insel übte auch einen unwiderstehlichen Reiz auf sie aus.

Wenn sie entspannt Hand in Hand am Strand entlangspazierten fühlte sie sich glücklich wie seit Wochen nicht mehr.

Er war ihr Ruhepol geworden, gab ihr Gelassenheit, ließ sie viele Dinge mit ganz anderen Augen sehen.

Alles, was er tat, war einfach da zu sein, ihr zuzuhören, er bedrängte sie nicht, hinterfragte nichts, wartete ab, dass sie von sich aus erzählte, was sie bedrückte.

Sie fühlte sich vollkommen wohl in seiner Nähe, frei und unbeschwert.

Nichts drängte sie etwas zu erzählen, dass sie schon seit Wochen überlegte, ob sie den Dienst an den Nagel hängen sollte.

Er würde ihr helfen können, die richtige Entscheidung zu fällen, aber sie war noch nicht so weit, alles zu offenbaren, was sie sich wünschte.

Er fragte nicht, ob sie wieder arbeitete, fragte nicht was sie nun vorhatte, ob sie auf Sylt bleiben wollte.

Es war, als würde er sie nicht verschrecken wollen, als würde er einfach abwarten, wie sich alles weitere zwischen ihnen entwickeln würde.

Ihre Angst war in manchen Stunden fast greifbar, sie wurde sehr still, antwortete nur noch einsilbig und verschwand für Momente in ihre eigene Welt.

Aber, er verstand sie auch ohne viele Worte, das war etwas, was man selten fand, und sie wollte es ewig festhalten.

Sie hätten noch genug Zeit darüber zu sprechen, Probleme zu wälzen und eine Entscheidung zu fällen, wie es in Zukunft weiter gehen würde.

Erst einmal wollte sie die ersten Tage genießen, um zu sehen, war es eine tiefe Freundschaft zwischen ihnen, oder war es doch Liebe?

Diese Frage hatte sie sich schon seit Wochen gestellt, sie kannte die Antwort eigentlich schon darauf.

Vor seinem Haus, am Montag, als sie ihn nach so vielen Wochen wiedersah, hatte sie es wie einen inneren Sturm gefühlt.

Sie liebte ihn, hatte sie schon damals getan.

Früher war es eine freundschaftliche Liebe, nun war es mehr geworden.

Als sie Haverbecks Gesicht, das Strahlen in seinen Augen erblickt hatte, wusste sie er liebte sie auch, würde sie für den Rest ihrer gemeinsamen Tage lieben, egal wie lange sie dauerten.

Vielleicht sollte sie umdenken, ihre Wohnung in Fehmarn vorerst behalten und ein paar Monate auf der Insel Sylt bei Paul bleiben.

Ihr Sparstrumpf war prall gefüllt, sie hatte nie die Zeit gehabt sich etwas Teures zu gönnen.

Auch hätte sie nicht gewusst was, war sie doch in ihrem Beruf aufgegangen.

Niemals hatte sie irgendwelche exzentrischen Wünsche oder Sehnsüchte nach materiellem Besitz verspürt.

Gut und gerne konnte sie an die zwei Jahre ohne ihren Verdienst auskommen, selbst wenn sie nicht bei Paul wohnen würde.

An diesem Nachmittag, im Café Teekanne, entschloss sie sich hier zu bleiben.

Bei ihm, egal unter welchen Umständen.

Sie grinste und aß genüsslich ihren Sahnekuchen während Paul an der Theke mit einem älteren Herrn scherzte.

Er schaute hinüber zu ihr und sie lächelte breit, bemerkte wieviel Freude ihr Lachen ihm schenkte.

Er wirkte so jugendlich in diesem Moment, so unbeschwert.

Schon seit sie hier war, fröhlich und für jeder Hürde, für jede noch so große Schwierigkeit gewappnet.

Jetzt und hier, wusste sie, wieviel Glück sie beide hatten, sich noch nach so vielen Jahren wieder zu sehen und noch immer eine tiefe Freundschaft zu haben.

Zu der sich die Liebe gesellt hatte, von beiden Seiten aus.

Zufrieden seufzend leckte sie ihre Gabel ab, es dämmerte schon draußen und ein Sturm zog auf.

Sie schaute aus den großen Fenstern.

Einer dieser frühherbstlichen Unwetter, die sie in ihren Knochen spürte.

Gleich würden sie entspannt nach Hause fahren und sie konnte ihm mitteilen, endlich, dass sie auf Sylt bliebe.

Das sie, sein Angebot annahm, mit ihm zu leben und den Alltag zu teilen.

Wenn sie nachher gemütlich am Kamin hockten, mit einem Glas Wein, leiser Musik im Hintergrund. Wer weiß schon was die romantische Stimmung noch bringen würde?

Es war der erste Donnerstag nach ihrer Anreise, drei Tage war sie nun schon hier.

Es wurde schnell immer dunkler draußen, sie fröstelte und zog ihre Jacke über.

Paul nickte ihr zu und verabschiedete den rundlichen Mann, mit dem er eine ganze Weile gescherzt hatte.

Er winkte ihr grinsend und ging zu dem kleinen Tischchen, auf dem die Kasse stand.

Rika beobachtete ihn, wie er selbstsicher mit der Bedienung sprach und einen Witz machte, der diese zu einem lauten Lachen anregte.

Langsam wickelte sie ihren Seidenschal um den Hals und setzte ihre Mütze auf, nahm die Tasche von der Bank neben sich und ging Richtung Tür.

Es hatte zu regnen angefangen, Bindfäden fielen vom dunkelgrauen Himmel und die Laternenbeleuchtung draußen sprang gerade an.

Das Café hatte sich in den letzten Minuten schnell geleert und Rika freute sich auf ein heimeliges Feuer in dem kleinen Kamin bei Paul.

Die nächsten Stunden würden alles verändern, aber das konnte Rika jetzt noch nicht wissen.
Die Heimfahrt bei Regen verlief entspannt und sie waren beide voller Vorfreude auf einen ruhigen Abend…

Kapitel 3

„Zerteilt“

Sie war ein paar Teile einkaufen gewesen, alle Lebensmittel waren abgelaufen und wenn sie etwas essen wollte, musste sie in den Lebensmittelladen.

Sie hatte in dem großen Supermarkt die Zeit verbummelt, elend lange gebraucht, um sich für etwas zu entscheiden.

Helles oder dunkles Brot, italienische oder spanische Salami, Bio-Äpfel oder nicht, lose Eier, oder abgepackt.

Jedes einzelne Lebensmittel musste überlegt werden, auf Haltbarkeit und Schäden überprüft.

Beinahe zwanghaft war der Drang in ihr, alles genau anzusehen und zu überlegen, ob sie es kaufen sollte, ob sie es wohl essen würde.

Doch die Schränke waren leer, es musste etwas im Haus sein, wenn sie überleben wollte.

Sie würde sonst immer schwächer werden, allein ausgehen, um zu essen war keine Option.

Auf Essen verzichten auch nicht, sie nahm schon seit Jahren nur noch das nötigste zu sich, aß ohne jedweden Genuss.

Es musste sein, um einigermaßen bei Kräften zu bleiben.

Auch wenn es ihr eigentlich egal war, aber um jetzt ihre Pläne in die Tat umzusetzen brauchte sie Kraft und musste ihre Gedanken schärfen, um alle Einzelheiten bewältigen zu können.

Das konnte sie nicht wenn ihr ständig schlecht war, weil ihr Körper an Unterzuckerung litt.

Also, zwang sie sich, loszufahren, um einzukaufen, obwohl sich draußen schon ein Sturm zusammenbraute.

An den Kassen schaute sie auf ihre teure Armbanduhr und stellte fest das sie über zwei Stunden gebraucht hatte, um wenige Lebensmittel im Wert von 50 Euro einzukaufen.

Alles passte in eine kleine Plastiktüte, die sie eilig vollstopfte, weil sie nur noch schnell aus dem Geschäft wollte.

Sie war die letzte Kundin in dem Markt, es war jetzt kurz vor 21 Uhr, das Ende der Geschäftszeit.

Als sie langsam aus der Tür trat, war der Himmel schon dunkel, die Laternen waren angeschaltet worden und ihr großer, dunkler SUV stand einsam auf dem riesigen Parkplatz.

Ganz vorne stand noch ein roter Kleinwagen, der von Blättern und Sand umweht wurde.

Ein eisiger Wind fegte über den Platz und dicke Tropfen Regen begannen vom Himmel zu fallen.

Sie schleppte sich mühsam zum Auto und warf den knitterigen Plastikbeutel mit den Lebensmitteln auf die leere Rückbank.

Dann glitt sie stöhnend hinter das Lenkrad und fuhr sich mit den Händen durchs Gesicht, ihr war plötzlich sehr schwindelig.

In der Mittelkonsole lagen Traubenzuckerwürfel, sie fummelte das Zellophanpapier von einem der Würfel und steckte ihn in den Mund.

Knackend zerbrach der harte Zucker, als sie feste darauf biss.

Sie schluckte den zähen, zerkauten Brei schnell hinunter, bevor sie würgen musste.

Die rauen Traubenzuckerwürfel mochte sie eigentlich nicht, aber es wirkte schnell, wenn ihr mal schwindelig wurde.

Sie war, wie so oft, wieder unterzuckert, tief atmete sie durch und starrte durch die Frontscheibe, auf die schwere Regentropfen platschten.

Gleich würde es besser werden, sie suchte in ihrer Handtasche nach ihren Aufputschtabletten, fand den kleinen Blister Pack und drückte schnell eine der roten Pillen hinaus.

Weiter in die Dunkelheit starrend, steckte sie die Tablette in den Mund und warf ruckartig den Kopf in den Nacken.

Noch zehn Minuten warten, dann wäre sie wieder fit genug, um nach Hause zu fahren.

Der Regen wurde nun ein bisschen schwächer und die Sicht klarer.

Wie menschenleer der Parkplatz und die Umgebung war, die sie sehen konnte, fast gespenstisch.

Wenig Licht, ein idealer einsamer Parkplatz, um nicht gesehen zu werden.

Sie lächelte matt, einsam, öde und verlassen.

So wie sie sich fühlte, welche Ironie, ging es ihr durch den Kopf.

Hinten aus der Gasse am Supermarkt kam hastig eine schlanke Frauengestalt mit wippendem Pferdeschwanz durch den Regen gelaufen, gerade, als sie den Motor anließ.

Immer näher kam die eilig hastende Gestalt und sie konnte das Gesicht erkennen.

Es war diese junge Frau, die mit dem Polizisten im Lokal gesessen hatte.

Blitzschnell jagten die Gedanken durch den Kopf, das war jetzt ihre Gelegenheit.

Eine bessere würde sich so schnell nicht bieten.

Sie fuhr langsam los und als die Silhouette näher kam gab sie Gas.

Der Motor brüllte auf und sie schoss vorwärts.

Im Bruchteil einer Sekunde gab es einen dumpfen Knall, als etwas hart gegen den Kühler schlug.

Der Wagen bockte sich hoch als er über den menschlichen Körper rollte.

Mit einem diabolischen Lächeln legte sie den Rückwärtsgang ein und schaute rasch um sich.

Noch immer war es menschenleer, keine Lichter in den Fenstern gegenüber dem Parkplatz erleuchtet.

Im Rückspiegel sah sie trotz der Dunkelheit den Körper im Schein der einzigen Laterne am Platz, auf dem feuchten Asphalt zucken und zappeln.

Langsam fuhr sie rückwärts auf den sich windenden Leib zu und rollte mit den hinteren Reifen noch einmal darüber.

Wieder bockte der Wagen, und sie musste unwillkürlich lachen.

Wie Autoscooter auf der Kirmes, oder Achterbahn fahren.

Da hatte man auch dieses hohle Gefühl im Bauch, Angst gepaart mit freudiger Erregung…

Abrupt bremste sie ab, so dass der Körper unter dem Wagen lag.

Der Regen wurde jetzt wieder etwas heftiger und verärgert schüttelte sie den Kopf, dann stieg sie aus dem Auto und öffnete die hintere Tür.

Grinsend schaute sie auf das blutüberströmte Gesicht unter sich.

Tja, so war es, wenn man sich mit dem Falschen einließ, dann konnte man schon mal unter die Räder kommen.

Sie kicherte in sich hinein, die Redewendung passte wie angegossen.

Mist, dieses ganze Blut würde ihr die Sitze völlig ruinieren, was wenn sie auch noch nicht richtig tot war?

Mit einem hastigen Griff leerte sie die Lebensmittel auf der Rückbank aus und zog beherzt den Plastikbeutel über den entstellten Kopf.

Dann zerrte sie ächzend den Körper an den Armen um den Bodenschweller des Wagens in das Fahrzeuginnere.

Der Adrenalinkick, den sie beim Überfahren der Frau bekommen hatte, hielt an, sie entwickelte ungeahnte Kräfte, die sie selbst verwunderten.

Als der Oberkörper vor der Rückbank lag, hievte sie mit einem Ächzen die Beine der Frau hinterher und schob mit aller Kraft nach.

Gut, dass sie so ein großes Auto hatte, erstaunt spürte sie wieviel Kraft noch in ihr war, wenn sie etwas antrieb.

Befriedigt rieb sie sich die Hände und schlug mit einem leisen Plopp die hintere Wagentür zu.

Sie war klatschnass und das Wasser tropfte aus ihren kurzen Haaren und lief in kleinen Rinnsalen über das Gesicht.

Perfekt dachte sie, der immer stärker werdende Regen würde alle Spuren auf dem Platz wegwaschen.

Als sie wieder eingestiegen war, drehte sie sich um und beugte sich in den hinteren Fußraum, dann zog sie die Plastiktüte noch einmal fest um den Hals zu.

Energisch schaltete sie in den ersten Gang und fuhr noch einmal langsam eine Runde über den Parkplatz.

Sie konnte noch immer keine Überwachungskameras entdecken.

Zufrieden rollte sie langsam auf die Ausfahrt zu und setzte den Blinker.

Das Handy, das im dunklen auf dem mittlerweile nassen Asphalt lag und leuchtete, konnte sie nicht mehr erkennen.

Eine viertel Stunde später bog der SUV leise in die Einfahrt der schönen Villa in Kampen ein.

Das Tor öffnete sich elektrisch und der Wagen rollte im Standgas in die große Doppelgarage, mit einem leisen Surren fuhr das schwere Holztor wieder hinunter.

Sie drehte sich um und schaute nach hinten in den Fond des Wagens.

„Was mach ich nun mit der hier?“, leise vor sich hin murmelnd stieg die Frau aus.

Sie wirkte wieder wie eine alte Frau als sie gebückt durch die Tür ins Haus ging.

Sie musste nur schlafen und überlegen, dann würde ihr der richtige Gedanke schon noch kommen…

Sörens Stimme klang aufgeregt und laut, fast schrill.

Seit er bei der Polizei war, hatte er einige unangenehme Situationen erlebt, aber keine war wie diese hier.

Seine Kollegin, Polizeiobermeisterin Dörthe Dorfberger war seit gestern abend verschwunden.

Sie hatte gegen 20 Uhr die Wache in Westerland verlassen, um noch ein wenig einzukaufen.

Dann wollten Dörthe sich bei Sören zuhause blicken lassen.

Was auf der Wache Westerland niemand wusste, Dörthe und Sören waren ein Paar, seit über sechs Monaten schon.

Das wurde im Polizeidienst nicht gerne gesehen, deshalb hatten sie es noch nicht öffentlich gemacht.

Aber eigentlich hatte Dörthe schon lange mit dem Chef, Oberkommissar Haverbeck sprechen wollen.

Sören hatte ab 22 Uhr alle zehn Minuten auf ihrem Handy angerufen, ohne Erfolg, immer sprang nur ihre Mobilbox an.

Gegen 23.30 Uhr war er dann losgefahren, der strömende Regen hatte etwas nachgelassen, er rief auf der Wache an und gab durch das Dörthes Auto gesucht wurde, die beiden Kollegen von der Streife versprachen ihm Ausschau zu halten.

Um 0.15 Uhr bekam er einen Anruf das ihr Auto auf dem großen Lido Parkplatz stand.

Lido war der größte Lebensmitteldiscounter in Westerland.

Er hastete ohne Jacke, nur in Jogginghose, Shirt und Turnschuhen bekleidet aus dem Haus in der

Henning Straße und rannte zu seinem dunklen BMW hinüber.

Der starke Regen hatte viele Blätter von den Bäumen geholt, etliche Blumen lagen abgeknickt und zerstört auf der Erde.

Es wehte noch immer ein scharfer Wind über die Insel und Sören begann plötzlich zu frieren.

Er bog 10 Minuten später auf die große Parkfläche ein und sah den hell erleuchteten Streifenwagen in der Mitte stehen.

Dörthes Wagen stand allein in der ersten Reihe geparkt.

Bis auf den Polizeiwagen war alles leer, nirgendwo brannte ein Licht.

Sören bremste ab als er auf der Höhe der Kollegen war, die hockten beide über einem

Gegenstand, der im Strahl der Scheinwerfer auf dem nassen Asphalt glitzerte.

Er sprang aus seinem Wagen und bückte sich zu ihnen hinunter.

„Nicht aufregen, Januschek.

Ich glaub das ist ihr Telefon!“

Der kräftigere der beiden Streifenpolizisten legte Sören beruhigend eine Hand auf die Schulter.

Der war jetzt leichenblass und fing vor Kälte und Angst an zu zittern.

Er nickte, es war ihr Telefon, unverkennbar der kleine Comic Affe, der hinten auf der glitzernden Hülle klebte.

Hektisch blickte er um sich, die Kollegen tüteten das Handy gerade ein, das mittlerweile aus war.

Wahrscheinlich war der Akku nun leer.

Wo war sie?

Warum stand ihr Wagen hier?

Was war passiert?

Das etwas passiert sein musste, war ihm sofort klar.

Sie hätte sich mit Sicherheit bei ihm gemeldet, wenn sie noch zu ihrer Mutter oder Schwester gewollt hätte.

Immer hatte sie ihm Bescheid gesagt, wenn sie sich mal verspätete.

Dörthe legte viel Wert auf Pünktlichkeit, ein ewiger Streitpunkt zwischen ihnen beiden.

Verzweifelt raufte er sich die Haare, Tränen stiegen in seinen Augen hoch, das erste Mal, seit er zwölf Jahre alt war.

Er war kein gefühlvoller Mann, hatte seit seiner Kindheit keine Tränen mehr vergossen.

Aber seine Dörthe, die liebte er, wie er noch nie jemanden geliebt hatte.

Sören schlang die Arme um seinen Körper und überlegte kurz, dann zog er entschlossen sein Telefon aus der Hosentasche.

Er drückte eine Kurzwahltaste.

„Hinnerk? Dörthe ist verschwunden, es muss etwas schlimmes passiert sein!“

Kommissar Hinnerk Rauch hörte sich verschlafen an, versuchte gerade den aufgeregten Kollegen zu verstehen, der panisch in sein Handy schrie.

„Ruhig, Sören… ruhig, ich bin in 15 Minuten bei Paul vor der Tür. Ich rufe ihn gleich sofort an.

Komm dort hin und um Himmelswillen fahr vorsichtig!“

Während er im Befehlston in sein Handy bellte, hatte er schon seine Jeans übergezogen und griff nach dem knuddeligen Hoodie, der über dem Stuhl lag.

Zum Glück hatte er den Dienstwagen vor der Tür, bei dem Wetter hatte er jetzt wirklich keine Lust das Motorrad aus der Garage zu holen.

Er schlüpfte schnell in seine Sneaker und griff nach Jacke und Schlüsselbund die auf dem Stuhl im Flur lagen.

Seit dem Anruf waren jetzt genau fünf Minuten vergangen und er knallte laut die Haustür hinter sich zu.

Während er hastig durch den Vorgarten zur Straße lief, wählte er die Nummer seines Chefs.

Zwei Mal Freizeichen und Haverbecks müde Stimme erklang verschlafen an seinem Ohr.

„Chef, sorry für die Störung, Sören ist gleich bei dir und ich in guten fünf Minuten auch.

Irgendetwas ist passiert, er ist panisch, Dörthe ist verschwunden. Zieh dich an und mach Kaffee!“

Haverbecks Stimme klang heiser.

„Ich zieh mich an, gib Gas, ich warte auf euch!“

Paul hatte schon aufgelegt.

Rika hatte beim leisen Surren des Handys das kleine Licht angeschaltet.

„Was ist los, Paul?“

Er musste lächeln, als er ihr verschlafenes Gesicht und ihre zerzausten Locken sah.

Sie hatten einen wunderschönen Tag gehabt, drei Stunden Strandlauf, anschließend den Tag im Café ausklingen lassen, sich noch ein Glas Weißwein am Kaminfeuer zu Hause gegönnt.

Schon in der ersten Nacht war sie aus dem Gästezimmer zu ihm ins Schlafzimmer gekommen und hatte sich zu Paul ins Bett gekuschelt, er hatte sie stillschweigend in die Arme genommen und das Gefühl genossen sie in seinen Armen zu halten.

Paul beugte sich hinunter und gab ihr flüchtig einen Kuss auf die Stirn.

„Schlaf weiter, Hinnerk und der Kollege Sören Januschek sind unterwegs hierhin.

Polizeiobermeisterin Dörthe Dorfberger ist verschwunden, irgendetwas ist passiert.

Ich weiß nicht genaues.

Leg dich wieder hin und schlaf!“

Sie saß schon auf der Bettkante und zog sich die Jeans über ihre schlanken Beine.

„Bist du verrückt, natürlich komme ich mit.

Sie war ja nicht nur eine Kollegin, sondern auch eine Freundin von euch.

Ist doch selbstverständlich das ich euch helfe!“

Als Paul sich seinen Pullover überzog, merkte Rika, dass sie in der Vergangenheitsform über die junge Polizeiobermeisterin gesprochen hatte.

Warum konnte sie nicht sagen.

Sie hatte irgendwie ein ungutes Gefühl in der Magengegend.

Paul war schon fertig angezogen auf dem Treppenabsatz, als sie ihre graue Strickjacke überzog.

In dem Moment hörte sie laut die Klingel der Haustür schrillen.

Sie strich sich die Locken glatt nach hinten und fuhr sich mit den Händen durchs Gesicht.

Warum hatte sie nur gerade so ein schlechtes Gefühl, sie kannte die Polizistin doch gar nicht.

Rika hörte leise Männerstimmen im Flur und ging die Treppe hinunter, versuchte sich innerlich zu wappnen, auf das was nun kam.

Es würde nichts Gutes werden, dessen war sie sich absolut sicher.

Zu viert saßen sie um den runden, alten Holztisch in Pauls moderner Küche.

Jeder hielt eine dampfende, heiße Kaffeetasse zwischen den Händen und versuchte möglichst schnell wach zu werden.

Hinnerk und Rika kannten sich aus Fehmarn, Sören hatte Paul ihr kurz vorgestellt.

Er war ein durchtrainierter junger Mann mit netten Gesichtszügen, ein bisschen farblos, aber sehr freundlich, fand Rika.

Er wirkte gerade ängstlich und schaute dumpf in seinen Kaffee.

„Es ist einfach so passiert, wir haben uns verliebt, wollten erst mal sehen, ob es was Festes ist und eigentlich habe ich mir jeden Morgen erneut- vorm Dienst vorgenommen mit Hinnerk zu sprechen, ihm zu sagen das ich mit Dörthe zusammen bin, aber wir hatten Angst das ihr komisch reagiert und dadurch unser Verhältnis bei der Arbeit verändert wird.

Aber es ist jetzt egal, sie ist unser aller Freundin, wir müssen sie finden!“

Tränen schimmerten in seinen Augen, er war kurz davor die Fassung zu verlieren.

Auf dem Weg vom Supermarkt in den Amselweg waren schon etliche Tränen geflossen, aber er hatte es in den Griff bekommen, bevor er bei Paul aus dem Auto gestiegen war, so sollte ihn niemand sehen…

Er spürte das etwas Schreckliches mit Dörthe passiert war, hier auf seiner Insel, wo er geboren war und wo er sterben wollte…

Entsetzen bereitete sich schlagartig in jeder Faser seines Körpers aus.

Die anderen diskutierten, wie man nun verfahren sollte.

Wo konnte sie sein, wie würden sie mit der Suche beginnen?

Sören starrte stumm vor sich hin, seine Hände zitterten unruhig.

Paul legte locker eine Hand auf die Schulter seines jungen Untergebenen und Rika hatte eine Hand auf seinem Arm.

Sie wollten ihn einfach nur beruhigen und ihm für den Moment das Gefühl geben, das er nicht allein war.

Er hatte Freunde, sie würden ihm beistehen, nicht nur als Polizisten.

Sondern als Freunde und Familie…

„Erzähl bitte alles noch einmal der Reihe nach, was hat sie gesagt, als du sie das letzte Mal gesehen hast?

Wann wollte sie bei dir sein?

Keine Möglichkeit das sie ihr Handy verloren hat und bei einer Freundin irgendwo in Westerland ist?“

Paul räusperte sich und Rika und Hinnerk nickten, alle drei schauten Sören erwartungsvoll an.

Der schüttelte energisch den Kopf.

„Ihr kennt sie doch, auf jeden Fall hätte sie längst bemerkt das ihr Telefon weg ist und sich bei mir gemeldet. Das ist so gar nicht ihre Art.

Ich habe ihr Handy hier mit, gib mir sofort ein Ladekabel Paul, der Akku ist leer!“

Hinnerk und Paul nickten verständnisvoll und Rika stand auf und ging hinüber ins Wohnzimmer, mit dem Ladekabel in der Hand erschien sie wieder in der Küche.

Sören zog das in einer Spusitüte eingepackte Handy aus der Tasche seiner Jogginghose, dann stand er auf und nahm ein Messer aus dem Block auf der Küchenarbeitsplatte.

Er wickelte die Tüte sehr straff um das Gerät und begann vorsichtig mit dem Messer ein kleines Loch in die Tüte zu ritzen, dort wo die Öffnung für das Kabel sich befand.

Die andern schauten ihm gebannt zu als er das Kabel in die Öffnung schob.

Sofort blinkte das kleine Gerät in Sörens Hand auf und er fuhr mit dem Finger ein Muster auf dem Display nach, er kannte ihren Pin-Code.

Seine Hände zitterten als er die App öffnete, über die sie ihm immer Sprachnachrichten schickte.

Im Ausgang befand sich eine Nachricht an ihn, die sie nicht abgesendet hatte.

Niemand sprach ein Wort, als er auf Senden tippte, zeitgleich piepte sein Telefon.

Er legte Dörthes Gerät schnell auf den Küchentisch und zerrte hastig sein Telefon aus der Tasche, fahrig und nervös blickte er um sich, seine Kollegen machten betretene Gesichter.

Hinnerk räusperte sich laut und sagte:

„Nun mach schon!"

Ein paar Tastendrücker und sie hörten Dörthes fröhliche Stimme.

Es rauschte und knackste, sie konnten den Wind hören, der ihr die Worte förmlich aus dem Mund riss.

Auch das Rauschen des Regens war zu erahnen.

„Schatz, ich habe mein Geld auf der Wache gelassen und musste noch schnell zur Bank, dann kam der Regen!“

Sie hörten Dörthes Lachen, sie klang atemlos, als wenn sie schnell lief.

„Was zum Teufel soll das denn?“ rief sie plötzlich laut.

Dröhnend heulte ein Motor auf und ein erstickter Schrei erklang, das Prasseln des Regens und das Brausen des Windes im Hintergrund.

Dann ein dumpfer Knall und die Nachricht war zu Ende.

Ein paar Sekunden sagte niemand etwas, Sören war auf dem Stuhl in sich zusammengesunken.

Paul und Hinnerk fingen gleichzeitig an zu reden.

Rikas Augen hatten sich vor Entsetzen geweitet, das, was sie gehört hatten, ließ nur die eine Möglichkeit zu.

Fahrerflucht, jemand hatte die junge Polizistin überfahren, dabei hatte sie ihr Telefon verloren, das sie in der Hand gehalten hatte.

Aber wo war sie jetzt?

Hatte der Täter sie mitgenommen?

Aber warum?

Was war dort passiert auf dem dunklen Parkplatz?

Hatte niemand etwas gesehen?

Warum war kein Vorfall dieser Art gemeldet worden?

Fragen über Fragen, auf die schnellstens Antworten her mussten…

Hinnerk sprach leise auf Sören ein und Haverbeck telefonierte laut im Flur, während er hin und her lief wie ein gefangener Tiger im Käfig.

„Verdammt noch mal, schaut sofort in den Computer, wurde in den letzten Stunden irgendwo ein Unfall gemeldet?

Ein Rettungswagen oder die Feuerwehr angefordert?

Nichts? Gar nichts?“

Er erschien blass in der Küche und rieb sich über seinen Bart.

„Nichts!“ seine Stimme war ohne jegliche Emotionen.

Man konnte ihm ansehen, wie es in seinem Kopf arbeitete.

Rika schwieg, in ihren Augen schwammen viele ungeweinte Tränen, zog sie das Unglück mit auf diese Insel?

Hinnerk redete noch immer leise und beruhigend auf Sören ein, er hockte vor dem Freund und hatte beide Hände auf den Knien des in sich zusammengesunkenen Mannes abgelegt.

Das Gesicht von Polizeiobermeister Januschek war grau und von Schmerz verzerrt.

„Sie ist tot, ich weiß es! Sie hätte eine Möglichkeit gefunden sich bei mir zu melden.“

Er sprach leise und Tränen rannen unentwegt seine Wangen hinunter.

Hinnerk schwieg betreten, wusste nicht was er sagen sollte.

Paul starrte die beiden entsetzt an und ging hinüber zu Rika die aufgestanden war, fest zog er sie an sich.

Am Fenster sah man draußen die Morgendämmerung, der Wind rüttelte noch immer unaufhörlich in den Bäumen, das Wetter hatte sich nur ein wenig beruhigt.

Immerhin regnete es nicht mehr und das fahle Licht des Morgens waberte grau über den Horizont.

„Wer hätte einen Grund Dörthe etwas anzutun?

Ein alter Fall?

Es muss etwas Persönliches sein, wieso sollte der Täter sie sonst mitnehmen?“

Paul hatte seine alte Ruhe wiedergewonnen und hatte schon erneut das Telefon am Ohr.

Hinnerk hörte, wie er mit der Wache telefonierte das der Parkplatz abgeriegelt werden sollte, ob es dort irgendwo Überwachungskameras gäbe.

Anwohner die heute Nacht etwas gemeldet hatten?

Haverbeck hatte seine Fassung wiedergefunden, Hinnerk versuchte sich irgendwie innerlich zu beruhigen, versuchte einige tröstende Worte für seinen Freund und Kollegen zu finden.

Rika fummelte nervös an der Kaffeemaschine herum und versuchte verzweifelt ihre Nerven unter Kontrolle zu bekommen, indem sie frischen Kaffee für sie alle machte.

Ihre Hände zitterten und sie hatte mit einmal wieder rasenden Kopfschmerzen bekommen.

Erneut ein migräneartiger Anfall, wie immer, wenn sie in letzter Zeit unter starkem Stress stand.

Mechanisch holte sie das Brot aus dem Schrank, Butter und Wurst aus dem Kühlfach.

Dann begann sie langsam Sandwiches für alle zu schmieren. So war sie beschäftigt, musste nichts sagen, nicht nachdenken.

Sie wusste das Januschek Recht hatte, die Polizistin war mit Sicherheit tot.

Nachdem jeder an seinem frischen Kaffee genippt hatte und gezwungenermaßen einen Biss in die Sandwiches machte, begann man zu reden.

Was nun alles folgen würde, Befragungen, Kontrollen, der Parkplatz musste abgesucht werden, ihre Freunde noch einmal angerufen.

Jeder Schritt von ihr seit dem Dienstschluss musste minutiös nachvollzogen werden.

Paul löcherte den jungen Polizisten mit Fragen, ließ ihm keine Zeit zum Nachdenken, Hinnerk und Rika hörten ruhig zu, hielten sich am Rande und beobachteten die beiden ungleichen Männer.

Der eine älter und autoritär, der andere jung und verzweifelt, beinahe schüchtern.

Die Trauer spürte man bei allen Anwesenden, Trauer um eine Freundin, die beinahe zur Familie gehörte.

Es war hell geworden, Hinnerk sah müde auf die Küchenuhr.

6.55 Uhr, an einem Freitagmorgen, die letzte Septemberwoche, die ersten Vögel begannen leise draußen zu zwitschern.

Haverbecks Handy klingelte mit einem Mal schrill.

Er ging hinaus in den Flur.

„Wo? Rauch und ich sind unterwegs, zehn Minuten und wir sind bei euch vor Ort!"

Leichenblass betrat er die Küche.

„Rika du bleibst mit Sören hier, vielleicht trinkt ihr lieber einen heißen Kakao, Milch ist im Kühlschrank, ich bin mit Hinnerk mal eben weg.

Wir sind gleich wieder zurück!"

Sören sah ihn fragend an, aber Haverbeck schüttelte nur mit dem Kopf.

„Bleib mal ruhig, das hat glaube ich nichts mit ihr zu tun!"

Er bedeutete Hinnerk mitzukommen und riss hektisch seine Jacke von der Garderobe.
Beide verließen das Haus und Paul hastete zu seinem Kombi.
Als sie im Wagen saßen, schaute er Hinnerk in die Augen.
„Auf der Mauer an der Westerländer Strandpromenade stehen zwei menschliche abgehackte Füße!“
Hinnerk musste sofort würgen, und riss die Wagentür auf.
„Reiß dich zusammen, sie können uns vom Haus aus sehen!“
Der Jüngere zog die Autotür sofort wieder zu und schlug sich beide Hände vor den Mund.
Sein Atem ging stoßweise, und er versuchte sich darauf zu konzentrieren den Kaffee nicht in einem Schwall in Pauls Fußraum zu kotzen.
War das Böse nach Sylt gekommen?
So etwas hatte es auf der Insel noch nie gegeben…

Noch waren die Straßen menschenleer, Haverbeck fuhr sehr zügig.
Sie waren in fünf Minuten in der Fußgängerzone und fuhren zwischen den Geschäften entlang.
Der ein oder andere frühe Fußgänger war unterwegs, von weitem schon konnten sie das Kassenhäuschen des Strandes sehen und zwei

Einsatzwagen mit Blaulicht, rotweißes Flatterband, und ein paar Beamten in Uniform standen rum.
Einige wenige Schaulustige hatten sich angesammelt, und gafften ihnen neugierig entgegen.
Als beide ausstiegen, konnten sie die aufgewühlte See rauschen hören, und feuchte Meeresluft waberte ihnen entgegen.
Hier auf der erhöhten Promenade schlug ihnen der kalte Wind wie Peitschenhiebe ins Gesicht.
Vor ein paar Tagen war es noch eine unerträgliche Hitze gewesen nun konnte man den nahenden Herbst in der Luft riechen.
Mit all seinen Stürmen und einer Urgewalt die Haverbeck liebte, das hier war seine Heimat geworden.
Niemand sollte diese Insel besudeln und Gewalt über sie bringen.
Mit weichen Knien liefen sie beide die paar Stufen zur Mauer hoch, hier konnte man über den weißen Sandstrand und die See blicken, die aufgehende Sonne in der Ferne.
Ein atemberaubend schöner Anblick, jedes Mal aufs Neue.

Da sahen sie die beiden nackten Füße, fein säuberlich nebeneinander auf der Mauer stehen.

Beide gingen zaghaft näher ran unter dem Absperrband durch und nickten den diensthabenden Beamten zu.
Hinnerk wusste sofort das es Dörthes Füße waren, sie hatten immer über den schwarzen Nagellack Witze gerissen, und ihren rechten Fuß zierte eine filigrane Tätowierung.
Die Koordinaten von Sylt.
Auf dem linken Fuß war mit einem Messer das Wort „Rache“ tief hinein geritzt.
Die Schnitte über den Knöcheln waren an beiden Füßen fransig, man konnte Knochen und Adern mitsamt den Blutgefäßen erkennen.
Hinnerk erbrach jetzt mit einem Schwall den Kaffee auf seine eigenen Schuhe währen Haverbeck angewidert leise aufschrie.

Sie lächelte in sich hinein, es war ein guter Morgen, ein Morgen wie sie ihn seit langem nicht mehr erlebt hatte.

Nachdem sie den Wagen gestern Abend in der Garage abgestellt hatte, war viel passiert.

Sie hatte ungefähr zehn Minuten in der Küche gebraucht, bis ihr dann die zündende Idee kam.

Neben der Garage war die alte Kältekammer, bis minus 20 Grad.

Ihr Vater liebte damals frischen Fisch und hatte diese Kammer einst bauen lassen.

Nach dem Tod ihrer Eltern überlegte sie die Kammer ausbauen zu lassen, aber hatte sich dann doch nicht dazu entschließen können.

Sie war groß genug um fünf Leichen Platz zu bieten, also beschloss sie die Tote erstmal dort hereinzuziehen.

Sie griff nach einer starken Abdeckplane in dem Regal neben dem Garagentor und legte sie sorgfältig neben ihrem Wagen aus.

Dann öffnete sie die hintere Tür, schaute auf die Frau unter dem Rücksitz, sie hatte sich anscheinend nicht mehr gerührt.

Als sie ihre Hand ausstreckte, um die Haut des Opfers zu berühren bemerkte sie verwundert, wie kühl sie sich schon anfühlte.

Also los, die Dinge mussten erledigt werden, so rasch wie nur möglich.

Seufzend ging sie auf die andere Seite und öffnete dort die Tür hinter der Fahrerseite, dann drückte sie die starre Gestalt aus der Wagentür.

Es kostete einiges an Anstrengung und sie begann zu schwitzen, ächzte und stöhnte, fluchte leise vor sich hin.

Jetzt saß sie auf dem Rücksitz und drückte die Leiche, ohne Zweifel war sie nun tot, mit den Beinen aus dem Wagen.

Sie trat und drückte verzweifelt, da sich langsam Erschöpfung in ihr breit machte.

Die Uhr über dem Tor zeigte 23.25 Uhr, sie war müde und fror erbärmlich.

Ein letzter harter Tritt gegen den Kopf und mit einem dumpfen Plumps rutschte die tote Frau auf den Garagenboden.

Matt wischte sie sich den Schweiß von der Stirn und schlurfte auf die andere Seite.

Gebückt zerrte sie die leblose Gestalt auf der Plane die kurze Strecke zur Kühlkammer.

Mit einem Zischen öffnete sich die schwere Tür und eisige Luft schlug ihr sofort entgegen.

Nun schob sie die Leiche in den kleinen Raum und richtete die Gliedmaßen auf den Fliesen gerade aus.

Sie vermied es auf den Kopf zu schauen, obwohl dieser noch immer in der Supermarkttüte steckte.

Ihre Finger begannen schon von der frostigen Luft abzusterben, mit letzter Kraft schob sie den Riegel vor die Metalltür und wankte völlig erschöpft die paar Schritte bis ins Haus.

Hier schlug ihr die wohlige Wärme der Fußbodenheizung entgegen und mit letzter Kraft, an der Wand abstützend schaffte sie es auf das große Sofa im Wohnzimmer.

Komplett angezogen sackte sie auf die Polster und viel sofort in einen tiefen, traumlosen Schlaf.

Ihr magerer Körper hatte die Belastung der letzten Stunden kaum verkraftet.

Gegen 4.30 Uhr, in der Frühe, erwachte sie aus ihrem Tiefschlaf.

Ihr Körper fühlte sich erholt und kräftig nach dem Schlaf an und sie streckte sich lange und ausgiebig.

Im Magen rumorte es und ein Bärenhunger wütete in ihrem flachen Bauch.

Rasch stand sie auf und ging hinüber in die große blitzblanke Küche, zog eine Pizza aus dem Gefrierfach und schaltete den glänzenden Backofen an.

Dann legte sie lächelnd die kleine Pizza auf das Blech und klappte entschlossen die Ofentür zu.

Erstaunt bemerkte sie wie kühl und klar es in ihrem Kopf war und das Gefühl eine Aufgabe zu haben trieb sie mit einer Stärke voran die sie lange nicht mehr verspürt hatte.

Was würde sie nun mit der Leiche anstellen?

Am Türrahmen der Küchentür angelehnt stehend blickte sie überlegend in den hellen viereckigen Flur, sie konnte bis in das Jagdzimmer sehen am Ende des Flurs.

Bilder von jagenden Menschen an allen Wänden, es war der Raum ihres Vaters gewesen, sein Büro, sein persönliches Refugium.

Der Kamin in diesem großen Raum wurde dezent von einer Lampe angestrahlt.

Sie hatte sich angewöhnt im ganzen Haus diverse Lampen in allen Zimmern brennen zu lassen, Tag und Nacht.

Das nahm ihr dieses Gefühl der Leere in dem 250 qm großen Haus.

Der chinesische Säbel ihres Vaters blitzte silbrig vom Kaminsims zu ihr herüber.

Die Männer ihrer Familie hatten immer schon ein Faible und eine Sammelleidenschaft für Säbel und Messer aus anderen Kulturen gehegt, dieser Raum beherbergte all die seltenen Waffen.

Das teuflische Lächeln glitt erneut über ihr Gesicht, das war es…

Sie würde Paul Haverbeck eine Botschaft senden, die er nie vergessen konnte, bis sie ihn von seinen Gedanken mit dem Tod erlösen würde.

Schnellen Schrittes ging sie in den Raum und nahm den Säbel aus seinem hölzernen Ständer.

Ihr Vater hatte ihr mal demonstriert das diese Waffe Papier in der Luft zerteilen konnte.

Genau das, was sie nun brauchte.

Der Säbel lag sehr gut in der Hand, hatte wenig Gewicht.

Sie nahm die Waffe mit in die Küche und legte sie auf der glänzenden Arbeitsfläche ab…

Nachdem sie gegessen hatte, kramte sie aus der Flurschublade dicke schwarze Lederhandschuhe hervor, nahm den Säbel und betrat die Garage, wo sie ihr Vorhaben jetzt in die Tat umsetzen wollte.

Nach knapp sieben Stunden war der Leichnam in der Kühlkammer hart und steif gefroren wie eine Statue.

Sie wunderte sich wie schnell der menschliche Körper doch gefror, aber nun wollte sie keine Zeit mehr verschwenden, es musste getan werden.

Sie legte sich den steifen Körper so wie sie ihn brauchte, schlüpfte in die Handschuhe und hob den Säbel hoch über den Kopf in der Tüte, um die Waffe mit aller Kraft niedersausen zu lassen…

Der Kopf ließ sich mit einem Mal nicht abschlagen, wieder und wieder schlug sie zu und endlich war es geschafft.

Er rollte zu ihren Füßen hin und erschrocken sprang sie beiseite.

Die Hände und Füße ließen sich zum Glück mit einem Schlag abtrennen, und sie wischte sich nach getaner Arbeit erschöpft mit dem Arm über ihre Stirn.

Alles dauerte insgesamt keine halbe Stunde und sie hatte die Körperteile, die sie brauchte in drei neutralen Plastiktaschen verstaut.

Lächelnd stellte sie diese in den Kofferraum des kleinen Flitzers, der neben ihrem SUV in der Garage parkte.

Dann besah sie sich die Front ihres dunklen Volvos, sie konnte nur eine kleine Delle an der linken Seite im Kunststoff der Stoßstange entdecken.

Es war halt ein Volvo, grinste sie in sich hinein.

Ihr Mann hatte immer gesagt, diese Autos können was ab.

Gut, dass sie den Wagen behalten hatte, auch wenn es ein älteres Modell war.

Er hatte ihn geliebt, sie fuhr ihn gerne.

Der starke Regen gestern Nacht schien den Rest der Unfallspuren weggewaschen zu haben auf der Fahrt hierhin, sie konnte mit bloßem Auge nichts erkennen.

Anschließend ging sie ruhig nach oben in ihr Schlafzimmer und wechselte die Kleidung, ein dunkler Jogginganzug mit schwarzem Parka darüber, ein Basecap in schwarz und eine dunkel getönte Brille vollendeten ihre Kleidung.

Niemand würde sie so wahrnehmen, oder gegebenenfalls später wieder erkennen.

Bei dem, was sie nun vorhatte, waren Zeugen nicht erwünscht.

Sie wollte aussehen wie eine von vielen, eine frühe Touristin die auf der Insel weilte und im Morgengrauen spazieren ging…

Um 6.05 Uhr verließ sie langsam die Einfahrt der Villa in Kampen und machte sich auf den kurzen Weg nach Westerland.

Die Fußgängerzone war menschenleer, und jeder der sie mit ihrer Tüte sah, würde denken sie war auf dem Weg zur Arbeit.

An der Promenade spürte sie den scharfen Wind kalt im Gesicht, sie lehnte sich an die Mauer und blickte rechts und links über den Strand.

Für die Schönheit der Natur hatte sie heute kein Auge, sie verfolgte strikt ihren festen Plan.

Es war schon hell und ein einsamer Strandjogger war unten am Wassersaum zu sehen, in der Ferne ein Spaziergänger mit Hund.

Sie blickte noch einmal von links nach rechts, horchte auf Geräusche von Autos, die sich näherten, aber bis auf das Rauschen der Brandung, dem Wind und dem lauten Geschrei der Möwen war nichts zu hören.

Schnell nahm sie die beiden Füße aus dem Plastikbeutel und stellte sie fein säuberlich auf die Brüstung mit Blick auf die weite See.

Noch immer steifgefroren bot sich keine Möglichkeit zu einer Positionierung der Füße wie im Schuhladen.

Abrupt drehte sie sich weg und begab sich auf den Rückweg zu ihrem parkenden Wagen.

Mit dem leeren Beutel in der einen Hand ging sie schnellen Schrittes wieder in die Einkaufsstraße zurück und bog rechts zum Parkplatz ab.

Keines Blickes mehr würdigte sie ihr grausiges Arrangement…

Sie hatte es jetzt eilig, sie musste noch zum Langen Christian und zum Hafen nach List.

Schnell glitt sie auf den Sitz und rückte energisch ihre dunkle Brille zurück.

Hastig startete sie nun den Motor, wenn sie wollte das sie nicht gesehen wurde, musste sie eilen.

Der Spazierweg am Langen Christian war wie ausgestorben und ohne jegliche morgendliche Besucher.

Lediglich das Blöken einiger weißer Schafe auf der Weide ließ sie einmal aufschrecken.

Wieder legte sie ein Leichenteil ab, direkt vor der kleinen Gedenktafel am Leuchtturm.

Diesmal war es der Kopf, sie fürchtete sich ein wenig davor die blutige Tüte von dem toten Kopf abzuziehen,

auch hatte ihr das Abhacken der Körperteile einige Schwierigkeiten bereitet.

Sie hatte mehrmals zuschlagen müssen, um die Knochen zu durchtrennen, so scharf war der Säbel anscheinend doch nicht mehr…

Daran erinnerte sie sich jetzt und bekam eine Gänsehaut, einen leichten Anflug von Skrupel…

Der Kopf war besonders schwierig gewesen, es konnte auch dem Punkt geschuldet sein, dass die Leiche gefroren war.

Nach dreimaligem Zuschlagen mit dem Säbel hatte sie es aber dennoch geschafft.

Erstaunlich das kein Blut floss, alles eine recht saubere Angelegenheit war, das war schon verwunderlich.

Das eine Leiche so einfach zu zerteilen war hatte sie sich nicht träumen lassen.

Weder Ekel noch Skrupel hatte sie dabei empfunden, einfach nur die Notwendigkeit gesehen.

Man konnte nicht zimperlich werden, wenn man Rache üben wollte.

Sie war völlig kalt in ihrem Inneren, keine Reue, kein Gedanke was tue ich hier.

Alle Gefühle waren völlig verschwunden, nur das Wort Rache klopfte immer wieder in ihrer Stirn.

Nun hatte sie auch das geschafft, den Kopf abgelegt.

Die dünne Plastiktüte ließ sich mühelos von dem leicht angetauten Körperteil abziehen, starr aufgerissene tote Augen blickten sie an, der Mund weit geöffnet und die Zunge war unnatürlich rot und dick.

Das tote bleiche Gesicht wirkte, als wenn die Frau nach Luft geschnappt hätte.

Blut hatte die Stirn und Nase verschmiert, ein schauriger Anblick.

Irgendwie war der Kopf für sie surreal, als wenn er aus Wachs bestünde und ein Requisit aus einem Horrorfilm darstellte.

Seltsam das vor 24 Stunden dieser Kopf noch gesprochen hatte, Gedanken hinter der Stirn gewesen waren.

Das es einmal ein Mensch aus Fleisch und Blut war, wischte sie komplett weg.

Strafe musste sein, wenn man sich mit dem Teufel einließ, verlor man nun mal den Kopf.

Dieser Gedanke amüsierte sie erneut und erstickte alle anderen Empfindungen im Keim.

Angewidert und kalt wandte sie sich ab, keine Regung oder gar Mitgefühl konnte sie verspüren.

Der kurze Anflug von Skrupel war rasch verflogen.

Rache ist süß und eins der stärksten Motive der Welt…

Schnell lief sie die wenigen Schritte zu ihrem Auto zurück und grinste fröhlich, sie war gut.

Ihr Geliebter wäre stolz auf sie gewesen, hätte sie gelobt wegen ihrer schnellen, entschlossenen Handlungsweise, ihrer Kraft und Stärke.

Alles, was sie jetzt tat, tat sie für ihn, nur für ihn...

Jetzt ging es weiter zu dem großen Fischfeinkostgeschäft im Lister Hafen.

Ihr Magen knurrte auch schon wieder, was sie verwunderte.

Zur Feier des Tages, als einmaligen Leckerbissen nach langer Zeit, würde sie sich als erstes ein frisches Lachsbrötchen gönnen.

Am Lister Hafen zeigte die Uhr fast acht in der Frühe.

Einige Autos parkten schon auf dem Hafendeck, der Fährenverkehr lief an.

Etwas Kleingeld in der Tasche ihres Parkas und die kleinste und Letzte der drei Taschen am Handgelenk schlenderte sie durch die weit geöffneten Türen des Fischfeinkostgeschäftes.

Tief drang der Geruch von frischem Fisch in ihre Lungen ein.

Frische Meeresfrüchte und Salzwasser, dies waren die Aromen, die man immer an der See wahrnahm.

Ein paar ältere Damen machten schon ihren wöchentlichen Räucherfischeinkauf und standen an der Theke an.

Beide Verkäuferinnen waren sehr beschäftigt mit der Bedienung und eine dritte Thekenkraft war in die Zubereitung von frisch belegten Fischbrötchen vollkommen vertieft.

Langsam schlenderte sie durch die schmalen Gänge und tat so, als wenn sie die Regale betrachtete in denen sich Kaviar, goldene Gläser und andere exklusive Lebensmittel reihenweise stapelten.

Am Ende der Regalreihe befand sich ein Seewasserbecken mit mehreren Hummern, die ihre Zangen verklebt hatten.

Das Wasser plätscherte leise vor sich hin.

Barbarisch, deshalb aß sie so wenig Fleisch und Fisch.

Nur bestimmte Dinge kamen ihr auf den Teller, gegen Hummer hatte sie schon immer eine tiefe Abneigung verspürt.

Tierquälerei der obersten Kategorie, da bekam sie eine Gänsehaut.

Heute würde sie eine Ausnahme machen, es war wie ein Feiertag, heute hatte sie sich ein Lachsbrötchen verdient, einmal würde sie sündigen.

Auch wenn sie es sich vor Jahren geschworen hatte, Fleisch oder Fisch nur zu sich zu nehmen, wenn es sich nicht vermeiden ließ.

Heute war einer dieser besonderen Tage.

Langsam drehte sie sich zur Theke um, sie wurde keines einzigen Blickes gewürdigt, ein schneller Griff und sie ließ die beiden abgehackten Hände fast geräuschlos in das Becken gleiten.

Anschließend vier schnelle Schritte an die Frischbrötchenauslage.

„Bitte ein Lachsbrötchen, so auf die Hand!"

Unwillkürlich unterdrückte sie ein lautes Lachen über diese Metapher, auf die Hand, wie passend.

Lächelnd strahlte sie durch die getönte Brille die Verkäuferin an, während die drei älteren Damen lauthals über die Vorzüge einer geräucherten Makrele diskutierten.

„Danke!" Sie legte passend fünf Euro an die Kasse.

Mit dem in einer Servierte eingewickelten Brötchen in der Hand schlenderte sie gemächlich Richtung Ausgang.

Zeitgleich betrat ein kleiner Pulk von sieben Touristen das Geschäft.

Laut brabbelten sie alle durcheinander und bestaunten die edle Auslage der Meeresfrüchte hinter glänzendem Glas.

Die schwarz gekleidete Frau drückte mit Schwung gegen die jetzt geschlossenen Ein- und Ausgangstür, die mit einem leichten Schleifen aufging.

Plötzlich ertönte ein schriller Schrei aus dem hinteren Ladenbereich.

Ihr Gesicht hinter der dunklen Brille verzog sich erneut zu einem teuflischen Grinsen und herzhaft biss sie in das Brötchen.
Hmmmm… der Lachs war genauso wie sie ihn mochte und in Erinnerung hatte.
Wann war das letzte Mal, dass sie Fisch gegessen hatte?
Sie konnte sich kaum erinnern, es musste einige Jahre her sein.
Ohne sich umzudrehen und auf das Geschrei hinter sich zu achten, bummelte sie entspannt an den Fensterauslagen der kleinen Geschäfte im Hafen zu ihrem Wagen.
Für heute hatte sie alles erledigt, was sie wollte…

Kapitel 4

„Entsetzen“

Hinnerk hatte sich auf seine neuen Schuhe erbrochen, er war froh, als er zum Auto zurückkonnte, um die Schuhe endlich zu wechseln.

Haverbeck war am Tatort stehen geblieben und unterhielt sich noch mit den beiden Beamten die zuerst vor Ort waren.

Er zeigte auch eine grünliche Gesichtsfärbung, hatte sich wohl aber besser unter Kontrolle wie sein wesentlich jüngerer Kollege.

Im Kopf des jungen Kommissars drehte sich alles als er den Kofferraumdeckel öffnete und sich leise ächzend auf der Kante des Dienstwagens niederließ.

Seine Magenwände brannten und er hatte Sodbrennen von der Magensäure in seinem Hals.

Was sollte er nun Sören sagen?

Mit einem Blick auf sein Handy sah er das zwölf Anrufe in Abwesenheit im Display stand.

Nun war ihm noch übler, er wollte sich nicht noch einmal vollkotzen.

Müde kramte er im Kofferraum nach einem Plastiksack, wo er seine verdreckten Schuhe reinpacken konnte.

Endlich fand er ein zerfleddertes Plastiketwas und wechselte seine Schuhe, er hatte immer Sachen zum Wechseln im Auto, da er schon oft in seltsamen Situationen gewesen war, in seinem Tätigkeitsfeld als Polizist.

Da sah er Haverbeck auf sich zukommen, er war jetzt aschgrau im Gesicht und auf seiner Stirn hatte sich eine tiefe Furche gebildet.

„Niemand hat was gesehen, die Geschäfte sind noch geschlossen, die Kamera am Kassenhäuschen ist schon vor Wochen eingeschlagen worden und wurde leider noch nicht repariert.

Das ist typisch, es hätte ja auch einfach werden können.

Hinnerk, wie soll ich das Sören erklären?“

Paul raufte sich die Haare, ihm war auch übel, er hatte sich lediglich ein bisschen besser im Griff als der junge Kollege.

Es war ungefähr viertel nach acht als zeitgleich das Telefon von Haverbeck und auch Hinnerks Handy schrill klingelten.

Paul ging schnell ein paar Meter weiter Richtung Ladenzeile, damit sie beide in Ruhe telefonieren konnten.

Hinnerk blickte auf das Display und zog erstaunt die Brauen hoch.

Tante Adele stand auf dem Telefon das hektisch blinkte.

Um diese Uhrzeit?

Es musste etwas Wichtiges passiert sein, wenn ihn eine seiner Tanten um diese frühe Uhrzeit anrief, das konnte nichts Gutes bedeuten.

Mit einem Druck auf das Telefon nahm er das Gespräch entgegen und hörte sofort die aufgeregte Stimme von Adele.

Die ehemalige Lehrerein war eigentlich so ziemlich jeder Situation gewachsen, aber er spürte ihre Angst durch das Handy in seiner Hand.

Seine beiden Ziehtanten Hetty und Adele waren über siebzig und wohnten in Morsum in der kleinen Villa auf dem Hügel.

Einmal in der Woche fuhren er und Paul zu den beiden alten Damen zum Essen.

Mehrmals schon hatten sie ihnen durch ihre scharfe Beobachtungsgabe bei der Polizeiarbeit geholfen.

Hinnerk schüttelte verwirrt den Kopf und rieb sich mit der freien Hand über seinen Nacken.

Er wurde nicht schlau aus dem hektischen Gebrabbel seiner Tante Adele und Hetty weinte im Hintergrund leise.

„Tante Adele, nun beruhig dich doch um Himmels Willen und erzähl langsam und deutlich, wo ihr seid, und was euch passiert ist.

Wenn du so schnell sprichst, verstehe ich kein Wort.

Wo seid ihr denn jetzt?“

Er konzentrierte sich auf die Stimme seiner Tante, als er verstand, was sie sagte, überzog eine Gänsehaut seinen ganzen Körper und er erschauerte regelrecht.

„Fahrt nach Hause, ich komme später vorbei, wir haben einen anderen Einsatz, ich kann jetzt nicht kommen.

Welcher Kollege ist vor Ort bei euch?

Ich funke ihn an das ihr nach Morsum gefahren werdet!“

Seine Tante am anderen Ende verneinte dies vehement und er fügte sich.

Nachdem er aufgelegt hatte, ging er zur offenen Beifahrertür des Wagens und ließ sich in den Sitz sinken.

Was passierte hier nur gerade, was geschah auf dieser sonst so friedlichen Insel?

Eine Träne rollte seine Wange hinunter, schnell versuchte er sich wieder in den Griff zu bekommen.

Paul kam von der gegenüberliegenden Ladenzeile langsam auf ihn zu, sein Gesicht wirkte bleich und dunkle Ringe lagen unter seinen Augen.

Als er bei seinem Freund und Untergebenen am Wagen angekommen war, sprach er mit völlig eisiger Stimme, ohne jegliche Emotionen.

„Sie haben gerade ihren Kopf am Langen Christian gefunden!“

Hinnerk zuckte zusammen und antwortete leise.

„Ihre Hände im Hummerbecken im Lister Hafen zwischen der Fischfeinkost!“

Haverbeck war inzwischen eingestiegen und startete den Motor.

„Wohin fahren wir zuerst?“

Sie fuhren zuerst zum Leuchtturm da die Entfernung geringer war und sie das Gefühl hatten der Kopf wäre wichtiger.

Haverbeck drückte eine Kurzwahltaste am Telefon und steckte sich seinen Freisprechstecker ins Ohr.

Zweimal Freizeichen, dann wurde am anderen Ende abgenommen.

„Gerrit? Bist du noch in Hamburg?

Nein, bleib da und fahr in die Pathologie, ich schicke dir gleich einige Leichenteile, ich weiß noch nicht wie. Wahrscheinlich mit dem Helikopter.

Gerrit, es ist eine von uns, die Kollegin Dorfberger.

Hier bricht die Welt zusammen, innerhalb von ein paar Stunden.

Wir wissen absolut nichts, kein Hinweis, kein Motiv, sie war überall sehr beliebt.

Wir haben nichts, du musst etwas für uns finden.

Ich verlasse mich auf dich das du uns irgendetwas lieferst, womit wir weiterkommen.

Sobald du alle Ergebnisse zusammen hast, sehen wir uns hier auf Sylt.

Ich kann noch nicht einmal mehr sagen, ich freue mich auf euch, wieder so eine Scheisse.

Aber dieses Mal richtig, eine Polizistin, die zerstückelt wird, wie sind alle völlig fassungslos…

Wir stehen hier alle unter Schock.

Sie war nicht nur eine Kollegin, sondern eine Freundin, jemand der zur Familie gehörte!

Wir hören, bis später!“

Hinnerk knibbelte an seiner Jeans, hatte schon ein kleines Loch in Schenkelhöhe in den Stoff gerissen.

Drückendes Schweigen, bis sie die Straße zum Langen Christian einbogen.

„Was sagen wir bloß Sören?

Wie sagen wir es ihm?“

Die Stimme des Jüngeren war nur ein Flüstern…

An dem schmalen Fußweg zum Leuchtturm hatten sich schon wieder einige Schaulustige versammelt,

die den Polizeiwagen mit Blaulicht gesehen hatten.

Ein junges Paar stand an der Gedenktafel, sie waren blass und die Frau weinte leise.

Mann sah beiden den Schock an, die Hände des Mannes zitterten heftig, als er sich eine Zigarette anzündete.

Beide hatten eine leicht grünliche Gesichtsfärbung und vor der Tür am Turm sah man zwei Lachen Erbrochenes auf dem Boden.

Die beiden Streifenpolizisten vor Ort wirkten völlig hilflos und waren höchst erfreut die Kollegen Haverbeck und Rauch nun bei sich zu haben.

Einen Fall wie diesen, eine tote Polizistin, gab es auf dieser Insel nicht, konnte es gar nicht geben.

Beide standen unter Schock da sie Polizeimeisterin Dorfberger kannten, wer kannte sie hier nicht?

Die Tote war auf dieser Insel in Westerland wohlbehütet aufgewachsen, war nur zur Ausbildung auf dem Festland gewesen.

Jeder kannte sie auf dieser Insel, Dörthe war beliebt, mit ihrem freundlichen Wesen und ihrem immer lächelnden Gesicht.

Fassungslos starrte Hinnerk auf die Plastikbox im Kofferraum des Streifenwagens, sie hatten die Box mit einem Handtuch zugedeckt.

Tränen schossen wieder in seine Augen, da war Dörthes Kopf drin, wie unglaublich unrealistisch das war.

Er hatte gestern noch mit ihr gelacht, es konnte nicht sein.

In dieser weißen Plastikbox, ohne Deckel.

Haverbeck fluchte leise, keine Spurensicherung, alles war zertrampelt was vielleicht an Hinweisen zu finden gewesen wäre.

Er schüttelte den Kopf und murmelte etwas unverständliches, Hinnerk Verstand nur die Worte Idioten und Stümper.

Die beiden Streifenbeamten schauten betreten zu Boden, sie wirkten nervös und fahrig.

Diese Situation würde jeden überfordern.

Der jüngere der beiden Streifenpolizisten hatte wohl etwas verstanden und bekam einen hochroten Kopf und sprach leise zu ihnen.

„Es tut uns sehr leid, Chef.

Aber wir konnten doch nicht einfach den Kopf dort liegen lassen, allen Blicken ausgesetzt.

Sie war doch eine von uns, jeder hat sie gemocht, unsere Dörthe.

Wir haben Videos und Bilder mit dem Handy gemacht, so viel wie möglich unberührt gelassen.

Aber ich befürchte die beiden Zeugen haben ohnehin alles zertrampelt was da war."

Er warf einen gesenkten Blick zu dem jungen Paar hinüber, die sich noch immer aneinanderklammerten, mit wachsbleichen Gesichtern.

„Das sind Chantal Evers und Pascal Neufert aus Bottrop im Ruhrgebiet.

Touristen, die einen Morgenspaziergang machen wollten und diesen grausigen Fund vorfanden.

Sie waren zur falschen Zeit am falschen Ort.

Er hat erzählt, sie wären keiner Menschenseele begegnet, wollten einfach das trockene Wetter nutzen.

So schnell werden sie wohl diesen Morgen nicht vergessen!“

Der junge Beamte starrte auf seine Füße, während er sprach.

„Wir wohl auch nicht!“, Haverbecks Ton war scharf, als er das sagte.

Hinnerk schüttelte immer wieder den Kopf, während Paul schon wieder am Telefonieren war.

Er gab knappe Anweisungen, forderte einen Hubschrauber an, der die Leichenteile nach Hamburg fliegen sollte.

Besorgt blickte er in den Morgenhimmel, der dunkelgrau wurde, dichte Wolken zogen vom Festland über die Insel, es würde wieder regnen.

Der Wind war scharf, der nahende Herbst kündigte sich schon seit Tagen mit immer wiederkehrenden Stürmen an.

Das Bottroper Pärchen wurde erst einmal entlassen, sie sollten nachmittags noch einmal auf der Westerländer Wache erscheinen.

Den Platz, um den Eingang des Turms abzusperren hielten sie für sinnlos, da die ersten dicken Tropfen auf die Erde platschten.

Paul und Hinnerk setzten sich in den Wagen, Haverbeck griff schon wieder zum Telefon.

Mittlerweile war es 9.15 Uhr.

Er erfuhr bei seinem Telefonat, das die Hände schon auf dem Weg nach Westerland waren.

Knapp gab er die Anweisung alle Teile in einer Kühlbox zum Flughafen zu bringen.

Der Heli aus Hamburg würde in der nächsten Stunde eintreffen, um die grausige Fracht nach Hamburg zu befördern.

Dort würde Dr. Moor in der Pathologie warten, um alles genau zu untersuchen.

In diesem Moment war er froh, dass Gerrit Moor sein bester Freund seit Jahren war, denn er war auch der beste forensische Pathologe des Landes.

„Was nun?“

Hinnerk überlegte, er wollte nicht zurück zu Haverbecks Haus, dem Freund das alles hier mitzuteilen, das würde ihn völlig überfordern.

„Fahr zur Villa Hügel, meine Tanten waren dabei als die Hände gefunden wurden!“

Paul nickte…

Auch ihm war nicht wohl dabei jetzt zu Sören zurückzukehren.

Aber es war nur ein Aufschieben auf Zeit.

Er war nun einmal der Chef, es war seine Pflicht den jungen Untergebenen zu informieren.

Aber er musste ihn, solange es ging aus dem Fall heraushalten.

Der Regen war unterwegs stärker geworden und als sie in die Einfahrt in Klein-Morsum einbogen, hatte es sich eingeregnet.

Den kurzen Plattenweg zum Haus rannten sie hintereinander zum Eingang.

Hinnerks Tanten, Hetty und Adele, standen beide in der weit geöffneten Haustür.

Blass wirkten sie, zerbrechlich und man sah ihnen das Alter an.

Hinnerk bemerkte das, während er die nassen Schuhe mitsamt der tropfenden Jacke im Flur auszog.

Paul tat es ihm nach, außer einer knappen Begrüßung, sprach noch niemand ein Wort.

Hintereinander gingen sie in die große Küche, mit den vielen Orchideen auf den Fensterbänken.

Hier schillerte eine fröhlich bunte Farbenpracht an Blütenköpfen und mit den vielen Kissen auf der Eckbank und dem kleinen Kohleofen, wirkte die Küche gemütlich und heimelig.

Viele schöne Stunden brachten Paul und Hinnerk mit den alten Damen in dieser Küche zu.

Die Besuche waren immer ein kulinarisches Fest, da die beiden alten Damen hervorragend backen und kochen konnten.

Auch heute, trotz der Situation stand ein großer Hefezopf mit einem Klumpen Butter und verschiedenen Marmeladen Sorten auf dem Küchentisch bereit.

Der Teekessel zischte laut vernehmlich und Adele goss das dampfende heiße Wasser in die bereitgestellte alte Teekanne.

Die Küche war erfüllt von dem Duft des noch warmen Hefe Gebäcks und Hinnerk bemerkte, wie ihm das Wasser nun im Munde zusammenlief.

Er hörte seinen Magen laut knurren und spürte erst jetzt was für einen Bärenhunger er hatte.

Haverbeck schien es ähnlich zu ergehen, denn er schob sich hinter den langen Holztisch auf die schmale Eckbank.

Da beide einen leeren Magen hatten, regte der Geruch in der Küche gerade den Appetit an.

Die beiden ehemaligen Lehrerinnen, waren trotz all der Geschehnisse gefasst und wirkten wie immer adrett und sorgfältig zurechtgemacht.

„Mein Gott, du lieber Junge, das so etwas auf unserer Insel passiert, entsetzlich.

Wir scheinen ja das Unglück anzuziehen.“

Adele eröffnete das Wort und mit du lieber Junge als Anrede, war ihr Zieh-Neffe Hinnerk gemeint.

Die alte Dame spielte auf einen Fall vor gut einem Jahr an, als ein totes Au-Pair Mädchen in ihrem Gewächshaus gefunden wurde.

Jetzt wieder so ein Schock, Hinnerk befürchtete schon, dass die alten Damen das schlecht verkraften würden.

Aber er wusste auch, er unterschätzte die beiden oft.

Sie waren immer klardenkend und versuchten aus jeder Situation das Beste herauszuholen.

Oft schon hatten die beiden durch ihre scharfe Beobachtungsgabe Paul und ihm einen Denkanstoß gegeben.

Letzten Endes verdankten sie die Aufklärung von zwei Fällen in der Vergangenheit, dem Scharfsinn und Erinnerungsvermögen von Hetty und Adele.

„Erzählt nun mal alles der Reihe nach, was sich heute Morgen zugetragen hat."

Hinnerk schmierte sich Butter auf seine dicke Scheibe Stollen und nahm ein Schluck von dem heißen Tee, Haverbeck hielt sich zurück und versuchte leise in seiner Tasse zu rühren, um den Kandisklumpen aufzulösen.

Adele begann zu reden, dabei schob sie ein Stück von dem Hefegebäck auf ihrem Teller hin und her.

„Nun ja, wie jeden Donnerstagmorgen sind wir mit dem Bus zum Hafen nach List gefahren. Das machen wir ja schon seit Jahren so, um unsere Fischvorräte immer aufzufüllen.

Wie du weißt, Junge, essen wir so gerne die geräucherte Makrele von dort.

Außerdem wollten wir heute Abend für euch Essen kochen, wie jeden Donnerstag!"

Dabei zwinkerte sie zu Paul hinüber, der ihr aufmunternd zulächelte.

Hetty nickte die ganze Zeit bejahend mit dem Kopf, Hinnerk fühlte sich in diesem Moment an einen Wackeldackel erinnert.

Beide nickten stetig mit dem Kopf und wirkten jetzt doch ein bisschen aufgelöst.

„Wir haben dann die olle Niedermann an der Theke getroffen, die uns erzählen wollte, der Lachs wäre viel gesünder.

Tzzz... Die dicke Henne, sollte mal lieber auf ihre eigene Gesundheit achten, statt uns jedes Mal zu predigen.

Na, jedenfalls, war es noch leer im Laden, wir waren die einzigen drei Kundinnen, dann kam eine Frau hinein, dunkel gekleidet mit so einem neumodischen Käppi und einer dunklen Sonnenbrille.

Sie hat sich ein Lachsbrötchen an der Theke bestellt!“

Nachdenklich schüttelte sie mit dem Kopf.

Hetty nickte zustimmend und schaute aus dem Fenster dabei.

Paul und Hinnerk hörten gespannt zu, ohne auch nur eine Zwischenfrage zu stellen.

Hetty räusperte sich leise und ergriff dann ruhigdas Wort, mehr zum Fenster gewandt.

„Sie hatte etwas Verstohlenes an sich, geheimnisvoll und sie bewegte sich langsam und selbstsicher, so als ob sie eine Absicht hatte, zu was auch immer.

Das Gesicht war nicht zu sehen, die Statur war zierlich und mittelgroß, graues oder blondes Haar, so ein moderner Bubikopf. Ganz kurz, das Alter konnte ich schlecht schätzen da ich nicht viel von ihrer Haut gesehen habe.

Sie muss es gewesen sein die diese grauenhaften Teile in das Hummerbecken geworfen hat, zehn Minuten vorher waren sie nicht im Wasser, ich schaue immer hinein, weil mir die armen Kreaturen leidtun, so auch dieses Mal.

Sie muss es gewesen sein, niemand anderes war dort, außer uns alten Weibern und den

Bedienungen, die alle nicht hinter den Theken hervorgekommen sind.

Aber irgendetwas kam mir bekannt vor an der Frau, ihr Gang, ihre Bewegungen, ich weiß nicht was, aber da war etwas.

Ich krame schon in meinem Kopf nach der passenden Erinnerung!“

Sie wackelte weiter mit dem Kopf und nahm gedankenverloren ein Stück des fluffigen Gebäcks in den Mund.

„Du hast recht, ich habe zuerst auch gedacht ich erkenne in ihr jemand aus der Vergangenheit, habe dann aber den Gedanken verworfen als sie näher an uns herankam!“

Adele nickte bestätigend ihrer Schwester zu, sah dann Hinnerk an.

„Es wird uns einfallen, wenn wir sie wirklich kennen.

Du weißt ja, Hinnerk, wir vergessen niemals. Da sind wir beide wie zwei Elefanten!“

Paul nickte und machte jetzt Anstalten aufzustehen.

„Von wem sind die Hände?“

Adele schüttelte sich dabei, allein bei dem Gedanken daran wurde ihr übel, aber sie wollte es wissen und ihre Schwester auch, das wusste sie.

Haverbeck sprach das erste Mal seit ihrer Ankunft im Haus, seine Stimme war rau und er musste sich räuspern.

„Die Hände sind von unserer Kollegin Dörthe Dorfberger, wir haben auch ihre Füße und den Kopf gefunden.

Einfach grauenvoll!"

Hetty schrie leise auf, Adele war blass geworden und schlang beide Arme um ihre Schultern.

„Wie furchtbar, unsere kleine Dörthe, Hetty sie war so ein fleißiges Mädchen in der Schule.

Auch als Erwachsene und dann als Polizistin, immer freundlich und immer ein Lächeln für alles und jeden!

Wie entsetzlich das ist, so entsetzlich. Wer tut so etwas, das in unserer Heimat.

Die Welt da draußen holt unsere kleine Insel immer mehr ein."

Hetty hatte leise angefangen zu weinen, die beiden ehemaligen Lehrerinnen litten immer mit, wenn etwas Schlimmes auf der Insel passierte.

Hinnerk schüttelte sich, es widerstrebte ihm die beiden nun hier allein zu lassen, aber sie hatten viel Arbeit vor sich.

Dörthe war in Hamburg auf der Polizeischule gewesen und hatte auch ein Jahr Dienstzeit nach dem Abschluss der Schule in Hamburg verbracht.

Er musste sich in ihre alten Fälle hineinknien, das würde allerhand Recherche werden, diese Arbeit war nicht gerade eine seiner Stärken.

Normalerweise übernahm eigentlich immer Sören diese Funktion, aber diesmal war alles anders.

Sie konnten ihn in diesem Fall weder hinzuziehen noch mit den Einzelheiten belasten.

Vielleicht konnte Rika ihnen helfen, aber erst einmal mussten sie Sören mitteilen das Dörthe tot war.

Diese Aufgabe aber würde seinem Chef unterliegen, er musste es dem jungen Kollegen mitteilen.

Hinnerk wünschte sich das er niemals in so eine Situation kam, in der er einem Freund die Todesnachricht eines geliebten Menschen überbringen musste.

Schwerfällig stand er auf und Paul tat es ihm nach, schweigend verließen die beiden Männer die helle Küche, und zogen im Flur die nassen Schuhe über.

Noch immer regnete es draußen und der Wind blies kräftig um die Hausecken.

Niemand sprach ein Wort, beide der Schwestern nahmen die Polizisten zum Abschied wortlos in den Arm.

Ein kurzer Sprint im Regen zum Wagen und sie waren auf der Fahrt zum Amselweg.

Länger ließ es sich nun nicht aufschieben.

Als Paul die Haustür aufschloss, herrschte völlige Ruhe.

Es lag eine Totenstille über seinem kleinen Haus, er konnte den Regen draußen fallen hören.

„Rika?“

Sein Ruf hallte durch die Räume.

„Wo seid ihr?“

Die Terassentür quietschte leise.

„Hier draußen Paul, auf der Terrasse!“, hörte er Rikas helle Stimme durchs Wohnzimmer.

Schnellen Schrittes liefen die beiden Männer durch den Raum. Hinnerk bemerkte das sie kleine Wasserlachen auf den grauen Fliesen mit den Schuhen hinterließen.

Haverbeck trat als erster auf die kleine Terrasse, Rika und Sören standen beide unter dem kleinen Vordach und rauchten.

Jeder hielt eine halb abgebrannte Zigarette in der Hand.

Haverbeck konnte sich nicht erinnern Rika jemals rauchen gesehen zu haben, Sören hatte vor fünf Jahren damit aufgehört.

Eigentlich…

Er war blass und wirkte eingefallen, langsam stieß er den Rauch aus seinem Mund wie eine Dampflock.

„Ich weiß es schon, Chef. Habe mit der Wache gesprochen!“

Er hustete laut, das Rauchen war er nicht mehr gewöhnt.

Rika schaute Paul an und hob entschuldigend beide Hände.

Sie konnte ihn nicht davon abhalten, ihre Versuche waren kläglich gescheitert, also stand sie nun mit ihm hier draußen und rauchte, was sie selbst verwunderte.

Ihr wurde schwindelig von dem ungewohnten Nikotin im Blut, aber komischerweise schien es eine beruhigende Wirkung auf sie zu haben.

Nun verstand sie, warum so viele Menschen dieser Sucht verfallen waren und nicht aufhören konnten.

Sie nahm selbst noch einen tiefen Zug, bevor sie die Kippe in eine leere Cola Dose warf.

Nach Pauls Aufbruch heute Morgen war Sören nach dem Telefonat mit der Wache, regelrecht hysterisch geworden, er weinte und schrie gleichzeitig.

Auf ihre Frage, was sie ihm Gutes tun könne, hatte er nur geantwortet, Cola in Dosen und eine Schachtel Zigaretten.

Also war sie zur nächsten Tankstelle gelaufen, hatte vier Schachteln verschiedener

Zigarettenmarken gekauft und Cola und diverse Energy Drinks in Dosen.

Das ganze bunte Sammelsurium lag jetzt auf dem Küchentisch bei Paul und sah irgendwie schaurig traurig aus.

Aber es hatte gewirkt, nach und nach hatte sich der junge Mann neben ihr beruhigt, in einer Stunde hatte er eine Schachtel Zigaretten geraucht, zwei Cola Dosen und zwei Energy Dosen getrunken.

„Und nun?" Paul sprach ruhig und legte Sören eine Hand auf die Schulter.

„Ich werde die komplette Recherche übernehmen, wir haben nichts in der Hand, die Kollegen auf der Wache haben mir gesagt es waren keine Spuren an allen Tatorten und keine Zeugen!

Wir müssen in der Hamburger Dienstzeit von ihr suchen, nur da kann ein Täter zu finden sein.

Und niemand ist da besser als ich, das wisst ihr genau.

Ihr könnt mich jetzt nicht ausschließen, das sind wir ihr alle hier schuldig.

Derjenige der ihr das angetan hat muss gefunden werden.

Versprecht mir, dass wir nicht eher ruhen werden!"

Er schluckte schwer, nachdem er geendet hatte und zündete sich eine neue Zigarette an.

Rika ging hinüber zu Paul der den Arm um sie legte, sie fror, der stete Regen machte sie schwermütig.

Sie schien wirklich gerade das Unheil anzuziehen.

„Okay, du stürzt dich in die Recherche, heute Abend wird Gerrit aus Hamburg kommen, er wird etwas für uns finden, ich weiß es.

Hinnerk wir fahren zur Wache, ich will alle Zeugenaussagen durchgehen die wir haben, Sören kann sich an den Computer hängen!“

„Chef, ich fahre zur Wache, setze Sören dort ab, bleib du hier, ich werde dir die Zeugenaussagen schicken, es ist sowieso nichts dabei was uns hilft.

Geh mit Rika was essen, oder versucht etwas zu schlafen.

Wenn Gerrit später hier ist, fahren wir noch mal zu allen Tatorten, ich versuche mal ob ich vom Lister Hafen die Überwachungsvideos vom Parkplatz bekomme, am Fähranleger ist eine Kamera, das weiß ich.

Wer weiß, vielleicht ist das ja eine Spur!“

Paul nickte, er würde sich gerne eine Stunde ausruhen, die Nacht stecke noch in seinen Knochen, so ganz ohne Schlaf war in seinem Alter nicht mehr wirklich förderlich.

Rika hantierte leise in der Küche an der Kaffeemaschine, als die beiden jüngeren Männer das Haus im Amselweg verließen.

„Rika, es tut mir leid, so hatte ich mir unsere erste Woche hier nicht vorgestellt.

Es ist alles so unfassbar!"

Er trat von hinten an sie heran und schlang beide Arme um ihre Schultern.

„Nein, mir tut es schrecklich leid.

Ich fühle mich schuldig, so als wenn ich die Grausamkeit mit auf eure schöne Insel gebracht habe.

Es scheint mich zu verfolgen, egal wohin ich auch gehe!"

„Das ist Bullshit, das weißt du genau, wir werden dahinterkommen was passiert ist, werden den Täter mit Sicherheit finden.

Diese Grausamkeit einen Körper zu zerstückeln und zur Schau zu stellen, das werde ich nicht zulassen, dass es ungestraft bleibt.

Wieviel Hass muss ein Mensch in sich tragen, um das zu bewerkstelligen?"

Er schaute sie an, nachdem sie sich umgedreht hatte, er wusste genau, woran sie dachte.

Der Tod ihrer Schwester mit ihrem Verlobten, war nicht minder grausam von statten gegangen.

Nach zwei Stunden Schlaf auf dem Sofa fühlten sich beide etwas besser, und ein starker Kaffee holte alle Lebensgeister zurück.

Sie beschlossen schnell etwas essen zu gehen bevor der Pathologe aus Hamburg eintreffen würde.

Paul rief jetzt bewusst nicht bei Gerrit an, er sollte sich auf seinen Job konzentrieren.

Druck zu machen, brachte sie nicht weiter, alles musste mit akribischer Sorgfalt ausgeführt werden, damit ihnen nun auch nicht die kleinste Kleinigkeit entging.

Sie verließen das Haus gegen 15 Uhr, um in der nahe gelegenen Pizzeria eine Kleinigkeit zu sich zu nehmen.

Die dunkel gekleidete Frau, die auf der anderen Straßenseite stand, fiel ihnen beiden nicht auf…

Kapitel 5

„Wer suchet, der findet!“

Sie wollte sehen, wie er litt, wie er überlegte wer das getan haben konnte.

Also spazierte sie entspannt durch Westerland, zum Amselweg.

Es musste ihn getroffen haben, ihn und seine Freunde, egal in welchem Verhältnis er zu ihrem Opfer gestanden hatte.

In ihrem Kopf drehten sich Überlegungen hin und her, wie konnte sie den Korpus entsorgen?

Sie hatte keine Lust mehr auf dem Körper rumzuhacken, das kostete nur unnötig ihre Kraft.

Sie würde noch Arme und Beine entfernen und nach und nach alle Teile dem Wasser übergeben, die Schockmomente hatte sie nun für sich genutzt.

Der Leib war nicht mehr von Nutzen.

Kalt wägte sie ab, ob sie es diesmal mit der Motorsäge versuchen sollte, entschied sich aber dann dagegen, da das die Aufmerksamkeit der Nachbarn erregen konnte.

Sie würde es also noch einmal mit dem Säbel versuchen müssen, oder mit einer scharfen Axt, erst mal war die Leiche im Kühlhaus gut aufgehoben.

Keine neugierigen Hausangestellten oder Nachbarn sollten ihre Tat jetzt auffliegen lassen.

Wobei auf dieser Insel, privat auch privat bedeutete.

Ob sie rüber nach Dänemark fahren sollte?

Aber da würde sie dieses Polizistenschwein nicht beobachten können, es sollte ja auch ein Anfang sein, sie wollte noch mehr in seinem Leben zerstören, mehr Leid verursachen.

Seit sie diese Schlampe zerstückelt hatte, fühlte sie sich das erste Mal wieder lebendig seit langem, als wenn sie einen Auftrag hatte, den sie erfüllen musste.

Die Luft roch frischer, trotzt des Regens und der Kälte, die Tropfen fühlten sich auf der Haut prickelnder an.

Und sie verspürte Hunger und Durst, ohne sich ermahnen zu müssen etwas zu sich zu nehmen.

Es war ein gutes Gefühl der Lebendigkeit, des Daseins auf dieser Welt.

Nach so vielen Jahren hielt der Hass sie wieder fest umfangen und sie konnte sich selbst wieder wahrnehmen.

Keine Stimmen mehr im Ohr, die ihr etwas zuflüsterten. Sie waren endgültig verstummt.

Im Amselweg angekommen sah sie ihn das Haus verlassen, Arm in Arm mit der älteren Frau , sie hatte noch ein paar Informationen erhalten, Rika Joken, seine ehemalige Partnerin aus Kiel.

Deshalb war sie ihr so bekannt vorgekommen, sie hatte damals an dem Fall mitgewirkt, der ihr den Mann geraubt hatte.

Sie war die nächste in der Reihe, sie würde als nächstes sterben, von ihrer Hand geführt…

Er schien ein Techtelmechtel mit ihr zu haben, scheinbar hielt er sich einen Harem aller Altersklassen.

Widerlich, einfach widerlich…

Sie ballte ihre Hände zu Fäusten und betrachtete die beiden durch das Fenster der Pizzeria, wie sie sich anlächelten und verliebt turtelten.

Es schien ihm gar nichts nichts auszumachen, dass die Jüngere tot war.

Aber sie würde ihn lehren, was seelische Qualen waren, der Tod seiner Frau schien ihn ja nicht mehr zu belasten…

Ihr Lächeln war wieder teuflisch.

In ihrem Kopf schmiedete sie schon Pläne für einen neuen Todesfall…

Von all dem ahnte das Paar in dem italienischen Restaurant nichts.

Als Pauls Handy piepte, schaute er kurz auf das blinkende Display.

„Gerrit ist unterwegs! Lass uns gehen, Hinnerk wird mit Sicherheit auch gleich auftauchen.

Ich will im Haus sein, wenn er ankommt, wahrscheinlich ist auch Lene mit dabei, seine Lebensgefährtin!“

Als sie Hand in Hand aus dem Lokal traten, war der dunkle Schatten an der Hausecke schon wieder verschwunden…

Hinnerk traf zeitgleich vorm Haus ein, der Dauerregen hatte nun endgültig aufgehört, es tröpfelte noch ein wenig, aber ein heller Streifen war am Horizont zu sehen.

Paul fühlte sich müde und ausgelaugt, der Schreck saß tief in seinen Gliedern.

Auch Rika war blass und hatte Ringe unter den Augen, aber sie hatte ein kleines Stück Pizza gegessen und wenigstens war das hohle Gefühl im Magen bei ihr damit verschwunden.

Der Grappa hatte alles in ihrem Mund weggebrannt aber wenigstens ihre Kopfschmerzen hatten nachgelassen.

Das ungute Gefühl in ihrer Bauchgegend war geblieben, es schien noch irgendetwas im Hintergrund zu sein.

Auf Sylt schienen sich dunkle Abgründe auf zutun…

Paul schloss die Eingangstür auf und sie nahmen zu dritt an dem Küchentisch Platz, Hinnerk begann leise zu berichten.

„In den alten Fällen aus Hamburg ist wirklich nichts zu finden, zumindest auf den ersten Blick.

Chef, Sören hat sich da festgebissen wie eine Bulldogge, meinst du das die Idee gut war ihn an dem Fall mitarbeiten zu lassen?

Er hat sich wortlos die Bilder angesehen, ich finde das nicht gut.

Die eigene Freundin in Einzelteilen auf Tatortfotos das ist echt harter Tobak.

Für uns war es schon schlimm, wie muss es sich erst für ihn anfühlen?

Ich bin da nicht begeistert von, auch wenn er unser bester Mann für diesen Job ist!“

Paul schüttelte den Kopf, er wusste auch nicht weiter.

„Hinnerk, lass ihn. Untätig zu sein ist das Schlimmste, was einem passieren kann, in dieser Situation.

Ich spreche da aus eigener Erfahrung und die Trauer kommt dann, wenn wir sie zulassen.

Der Schmerz wird ihn so oder so einholen, der Verlust noch früh genug spürbar sein.

Er ist heute Morgen zusammengebrochen, hat fast eine Stunde nur geweint, er braucht jetzt seine

Arbeit, sonst fällt er in einen Abgrund, aus dem er nie wieder hinauskommt.

Auch da spreche ich aus eigener Erfahrung!“

Rika sprach sehr leise, aber bestimmt, konnte Haverbeck dabei auch nicht in die Augen sehen.

Haverbeck stand auf und starrte aus dem Fenster, überlegte, die Gedanken kreisten.

Hier auf Sylt hatte Dörthe keine Feinde, auch nicht aus alten Fällen.

Es musste in ihrer Dienstzeit in Hamburg zu finden sein, eine andere Möglichkeit gab es nicht.

Einfach nur Polizeihass, dann hätte man nicht das Wort Rache eingeritzt.

Er fühlte sich mit einem Mal so machtlos, nichts konnte er an diesen Geschehnissen ändern, die Zeit konnte nicht zurückgedreht werden.

Hinnerk klappte den Laptop auf und sie fingen gemeinsam an noch einmal die Zeugenaussagen durchzugehen.

Rika kochte Tee auf traditionelle Art, sie musste ihre Gedanken beruhigen und ihre Hände beschäftigen.

Ein heißer, süßer Ostfriesentee würde ihnen allen gut tun.

Hinnerk und Paul waren in die Tatortfotos vertieft, als es an der Tür klingelte.

„Lasst nur, ich mache schon auf!“

Rika ging durch den Flur und öffnete die Tür.

Gerrit Moor lächelte sie an, sie hatte ihn schon damals auf Fehmarn kennen gelernt.

Er trug jetzt einen Vollbart, der ihm gut zu seinen dunklen Locken stand.

„Rika, schön dich zu sehen, auch wenn die Umstände zum zweiten Mal Bullshit sind.

Das ist Lene, meine Lebensgefährtin!“

Mit diesen Worten nahm er sie herzlich in die Arme.

Die zierliche Frau hinter ihm, mit dem braunen Pagenkopf tat es ihm nach und drückte Rika einmal feste.

„Paul!“ Gerrit war schon auf dem Weg in die Küche und hatte im Laufen schon sein Tablet aus der Ledertasche gezogen.

Er setzte sich zu den beiden Männern, nachdem man sich flüchtig mit Handschlag begrüßt hatte.

„Komm, Lene, wir gehen in den Garten, es ist trocken und Paul hat eine schöne Bank unter dem Kirschbaum.

Möchtest du einen Tee mitnehmen?“

Mit diesen Worten drückte Rika Lene eine Teetasse in die Hand, die sie zuvor mit Kandis und Tee befüllt hatte.

Auf der Terrasse zündete sich Rika eine Zigarette an, die Schachtel hatte Sören mitsamt den Streichhölzern dort liegen gelassen.

Unwillkürlich musste sie husten.

„Sorry, ich habe erst heute Morgen angefangen, es beruhigt meine Nerven!“

Sie lächelte Lene an, erklärte mit schlechtem Gewissen die Zigarette zwischen ihren Fingern.

„Gib mir auch eine, ab und an rauche ich mal eine.

Meine Nerven beruhigt es auch.

Das haben wir alle heute bitter nötig!“

Sie konnten die Männer in der Küche reden hören und rauchten schweigend, nippten an dem heißen Tee.

„Ein bisschen was habe ich für euch, nicht viel.

Also zuerst sie ist tatsächlich angefahren worden, wie ihr vermutet habt.

Ein schweres Schädeltrauma deutet darauf hin, ferner habe ich viele Farbpartikel in der Kopfwunde gefunden.

Schwarz Metallic, wird von zwei großen Autoherstellern genutzt.

Die Lackanalyse läuft noch, so dass wir vielleicht mal bald die genaue Fahrzeugmarke herausfiltern können.

Anhand der Höhe könnte es ein SUV gewesen sein, aber dazu bräuchte ich den ganzen Körper, um das genau zu bestimmen.

Habt ihr jetzt noch mehr Leichenteile gefunden?

Nein, okay, gut…

Nicht gut, aber weiter nun.

Der Tod trat aber durch Ersticken ein, die Tüte, die um ihren Hals war, muss über ihren ganzen Kopf gewesen sein, in der Bewusstlosigkeit ist sie dann durch das Plastikbehältnis erstickt.

Keine Fingerabdrücke auf dem angerauten Material zu finden die wir nutzen könnten, nur zwei waren einigermaßen brauchbar, sind aber nicht im System.

Der oder die Täterin hatte mit Sicherheit Handschuhe an als er die Tüte genutzt hat.

Die Abdrücke könnten auch noch aus dem Laden stammen, wo die Tüte verkauft wurde.

Auf diesem Material hält sich einfach nichts, durch das geriffelte Muster.

Warum ich der oder die Täterin gesagt habe, erkläre ich euch gleich.

Mit hundertprozentiger Sicherheit kann ich sagen das die Leiche ein paar Stunden tiefgekühlt wurde, daher kann ich den ungefähren Todeszeitpunkt nur auf den Unfallzeitpunkt festlegen.

Den haben wir ja nun durch die Nachricht in ihrem Handy.

Ich glaube nicht das sie gelitten hat, auf Grund der Schwere der Kopfverletzung war sie bewusstlos und ist in der Tüte erstickt da der Sauerstoff fehlte.

Aber davon hat sie nichts gespürt, die Qual des Erstickens ist ihr erspart geblieben, sie war ohnehin Hirntod, durch die Schwere des Aufpralltraumas.

An den Händen haben wir Faserspuren gefunden von einem schwarzen Innenraumautoteppich.

Auch hier läuft die Suchanalyse noch auf Hochtouren, meine Mitarbeiter im Institut machen Überstunden dafür.

Die Tatwaffe zum Abtrennen der Gliedmaßen ist da etwas anderes, wir suchen ein japanisches Kampfschwert, mehrfach gehärteter Stahl, selten, ganz selten.

Eigentlich Rasiermesserscharf, aber durch das Einfrieren hat man am Kopf mindestens zwei bis drei Mal zugeschlagen.

Deshalb könnte der Täter auch eine Frau gewesen sein, mit geringerem Körpergewicht und weniger Kraft, natürlich könnte es auch ein Mann gewesen sein, der nicht über eine hohe Körperkraft verfügt.

Wir können also kein Geschlecht als Täters ausschließen.

Rechtshänder, wie ca. 70 Prozent der Bevölkerung weltweit.

Das eingeritzte Wort Rache, wurde dilettantisch ausgeführt, was darauf zurückzuführen ist das die Leichenteile gefroren waren.

Hier wurde denke ich ein einfaches Küchenmesser genutzt, wir haben Spuren von Stärke gefunden, ich tippe da auf Kartoffeln.

Wir suchen also einen männlichen oder weiblichen oder diversen Täter…

Der einen dunklen SUV einer teuren Marke fährt, und ein Kühlhaus besitzt in dem Fisch gelagert wurde, da wir Spuren von Fisch in den Haaren und an den Händen gefunden haben.

Ferner muss der oder die Täterin Zugang zu einem sehr teuren japanischen Sammlerstück haben oder es selbst besitzen.

So etwas gibt es nicht an jeder Ecke, nun gut, wir sind hier auf Sylt, wo Geld eines der kleinsten Probleme ist.

Aber das Kühlhaus, das hat denke ich nicht jedes Haus hier auf der Insel?

Ich glaube, ich habe hier mal alles zusammengefasst, was wichtig ist und hoffe es bringt uns weiter.

Habt ihr inzwischen schon ein Motiv gefunden?

Rache?

Ein alter Fall von ihr, jemand der sich Jahre später an ihr rächen wollte?“

Gerrit endete und nahm einen großen Schluck des lauwarm gewordenen Tees.

„Paul hast du was Starkes für in den Tee?

Whiskey oder Rum?

Das nimmt einen echt mit, eine Polizistin so zerstückelt zu sehen, ich kannte sie nur kurz mal vom Sehen hier bei dir, aber selbst ich konnte da erkennen das sie eine Frohnatur war!"

Paul ging zum Küchenschrank hinüber und holte eine Flasche Rum heraus und goss Gerrit, Hinnerk und sich einen großzügigen Schluck in die Tassen ein.

Seine Hände zitterten ein wenig, als er den Schraubverschluss wieder auf die Flasche drehte.

Haverbeck sah in der Terassentür Lene und Rika stehen, sie rauchten beide.

Er musste traurig grinsen, die Männer den Alkohol, Frauen das Nikotin.

Es war eine Ausnahmesituation, wie musste sich erst Sören fühlen?

Er hatte das Opfer geliebt…

Warum würde jemand einer fröhlichen, jungen Frau wie Dörthe so etwas antun?

Zum hundertsten Mal stellte er sich diese Frage, an diesem Tag.

Die Dämmerung zog hinauf und sie waren noch kein Stück weitergekommen.

Er musste irgendwie etwas zu essen für seine Gäste organisieren, das Bett oben im Gästezimmer war frisch bezogen, Rika hatte nicht darin gelegen.

Sie war schon in der ersten Nacht in sein Schlafzimmer gekommen, um das Zimmer musste er sich schon mal nicht kümmern.

„Gerrit, ihr könnt im Gästezimmer übernachten, Hinnerk du pennst auf dem Sofa, wenn heute Nacht was sein sollte.

Ich fahre nun mit Hinnerk kurz zur Wache nach Sören sehen, und dann bringen wir auf dem Rückweg irgendetwas zu essen mit.

Macht euch eine Flasche Wein auf, Gerrit vielleicht schaust du dir nochmal die Tatortfotos an, vielleicht siehst du etwas, was wir nicht sehen!

Die Zeugenaussagen sind da und auch alles andere, was wir haben.

Ich glaube das es eine Frau war, Hinnerk denk an deine Tanten, die Frau, die sie gesehen haben, in dunkler Kleidung.

Wir haben es mit einer Täterin zu tun!

Wie kann eine Frau so etwas grausames tun?

Morgen früh statten wir deinen Tanten einen erneuten Besuch ab, Hinnerk!“

Paul griff nach dem Autoschlüssel auf dem Tisch und zog seine Jacke über.

Dann verließ er mit Hinnerk im Schlepptau die Küche.

Nachdem der Abend und die Nacht ruhig verlaufen war und sie keine weiteren oder neue

Erkenntnisse hatten, machten sich die drei Männer morgens auf den Weg nach Klein-Morsum.

Hinnerk hatte sich gestern Abend noch telefonisch angemeldet, sodass Paul davon ausging die alten Damen würden sie erwarten.

Alle hatten nicht viel in der Nacht geschlafen, sich hin und her gewälzt und sich schon gegen fünf Uhr in der Frühe in der Küche eingefunden.

Gemeinsam studierten sie noch einmal alle Fotos und Berichte und tauschten sich untereinander aus.

Sören hatte auf der Wache geschlafen und rief um 6.30 Uhr an, seine Stimme klang müde und tonlos, er hustete durch das ständige Rauchen.

Auch er hatte nichts Neues gefunden, würde sich aber weiter der Fall-Sichtung widmen.

Rika und Lene wollten irgendwo frühstücken, während die Männer bei den beiden Lehrerinnen noch einmal alles in Ruhe durchgingen.

Vielleicht war ein Tag später noch die ein oder andere Erinnerung die neu war, so hofften sie jetzt alle.

Der Himmel war klar, als sie in Morsum angekommen waren, zu dritt gingen sie eilig den kurzen Fußweg zu der kleinen Villa auf dem Hügel entlang.

Die beiden alten Damen standen schon in der geöffneten Haustür, adrett wie immer gekleidet und sorgfältig zurechtgemacht und erwarteten ihren Besuch.

Gerrit bewunderte die gepflegte Vorgartenanlage und konnte sich gut vorstellen, wie es hinter dem schönen, alten Wohnhaus aussah.

Man bemerkte sofort, dass der Garten mit Hingabe und Leidenschaft gepflegt wurde wie auch die Hausfassade, das ganze Anwesen machte einen wundervollen Eindruck.

Das vermutete man gar nicht da beide Damen schon älter waren, aber anscheinend noch sehr rüstig.

Paul lächelte und grüßte höflich.

„Guten Morgen ihr Lieben Tantchen, erinnert ihr euch noch an Gerrit Moor, den Gerichtsmediziner?“

Hinnerk nahm Adele und Hetty gleichzeitig in den Arm und drückte beide herzlich an sich.

Sie wirkten heute wieder so zart und zerbrechlich und doch hatten sie einen noch äußerst scharfsinnigen Verstand und eine erstaunliche Beobachtungsgabe, für ihr Alter.

Es verwunderte ihn jedes Mal aufs Neue, was seine Tanten alles sahen, bemerkten und dass sie sich an wirklich viele Einzelheiten aus der Vergangenheit und Gegenwart erinnerten.

So hoffte er doch heute, dass sie auch dieses Mal helfen konnten, mit ihrer erstaunlichen

Auffassungsgabe und ihrer unkomplizierten Denkweise, deshalb waren sie jetzt hier.

Sie zogen im Flur ihre Schuhe aus und gingen aufs Socken durch das warme Haus in Richtung der großen Wohnküche.

Gerrit folgte ihnen einfach und bewunderte auch hier den gepflegten Eindruck des Hauses und der edlen Antiquitäten.

Unweigerlich dachte er an ein friesisches Museum, alles war sauber und gepflegt.

Hinnerk ging voran, immer dem Duft hinterher.

Es roch angenehm nach frischem Brot und Kaffee, viele Kindheitserinnerungen kamen in ihm hoch, wenn er hier geschlafen hatte und morgens die alte Stiege in die Küche hinuntergepoltert war.

Beide Tanten die breit übers Gesicht strahlten, wenn sie den zerzausten Bengel, der er einst war, mahnten langsamer auf der Treppe zu sein, um nicht zu stürzen.

Hier war er immer glücklich gewesen, hatte sich verstanden gefühlt.

So war es auch heute noch und beide Tanten unterstützten ihren Zieh-Neffen aus Leibeskräften heraus.

Hier war immer sein eigentliches Zuhause, seit sein Vater vor zwei Jahren verstorben war.

Er liebte die beiden, so wie man seine Eltern liebte, sie waren besondere Menschen in seinem Leben, würden es immer bleiben.

Der große Küchentisch war mit dem guten Porzellan mit Friesenmuster eingedeckt, Hetty legte gerade noch ein fünftes Gedeck für Gerrit auf.

Der Kaffee blubberte leise in der altmodischen Maschine und auf dem gusseisernen Herd stand eine schwere Pfanne mit Rührei und Speck bereit, Eier in kochendem Wasser in einem Topf daneben.

Hinnerk fühlte sich nun daheim, hier fand er Trost und Zuspruch, egal was Schlimmes passierte…

Tatsächlich lief ihm das Wasser im Munde zusammen, der Duft des selbstgebackenen Brotes regte seine Magensäfte sofort an.

Freudig rieb er sich die Hände und rutschte schnell auf seinem Stammplatz auf der antiken Eckbank.

Gerrit setzte sich neben ihn und Paul nahm vor Kopf an dem langen Tisch Platz.

Haverbeck kannte die Sitzgewohnheiten von Hetty und Adele, sie saßen immer an der langen Seite nebeneinander, so dass sie schnell aufstehen konnten, um noch etwas auf den Tisch zu stellen oder Kaffee oder Tee nachzuschenken.

Sie waren die gastfreundlichsten Menschen, die der Kommissar jemals kennen gelernt hatte, so manches fürstliche Mahl hatte er hier mit seinem jungen Kollegen im Laufe der Zeit schon genossen.

Es war beiden ein liebes Ritual geworden, donnerstags nachmittags nach Feierabend zum Essen in die Villa Hügel zu fahren.

Schöne Gespräche und lustige Anekdoten aus der Zeit wo die beiden netten Damen noch in ihrer Zeit als Lehrerin tätig waren, begleiteten diese entspannten Abende immer.

Paul erinnerte sich gerne daran zurück, so manchen Fall hatten sie hier besprochen, während Hetty und Adele in der Küche werkelten.

Oft hatte die Sichtweise der klugen Hetty und der praktisch veranlagten Adele ihnen geholfen die Tatsachen aus einer ganz anderen Perspektive zu betrachten.

Mehrmals hatten sie so zu einer Lösung ihrer kleineren Fälle gefunden, aber auch bei zwei Morden, wovon einer im Gewächshaus hier auf dem Anwesen stattgefunden hatte, war die Lösung einstmals in dieser Küche gefunden worden.

Paul lächelte schmallippig, wie schön wäre es doch wenn auch diesmal das Ende und die Aufklärung der Tat schon zum Greifen nah war.

Aber er hatte wenig Hoffnung.

Sie hatten nichts, keine Hinweise, keine Motive. Nicht das kleinste Bisschen, was sie verwerten konnten.

Nur das wenige, was Gerrit geliefert hatte, das war wahrlich nicht viel.

Aber dennoch besser als nichts.

Die Befragung der Anwohner am Leuchtturm, der Strandpromenade und im Lister Hafen, samt Feinkost Geschäft, hatte null ergeben.

Die Verkäuferin erinnerte sich vage an die Frau in schwarz, sehr vage.

Eine Überwachungskamera hatte krisselige Bilder gezeigt da die Linse völlig verdreckt war und niemand in dem Ladenlokal sich darum kümmerte.

Die Aufnahmen überspielten sich täglich neu, also auch keine Möglichkeit ein oder zwei Tage zurückzugehen, um vielleicht dieselbe Person noch einmal zu sehen.

Eventuell hatte man ja ausgekundschaftet, wann und wo man die Hände ablegte.

Die Kameras am Parkgelände gab es nur am Fähranleger nicht auf den Parkplätzen vor der kleinen Geschäfts Meile.

Wie sollten sie jemals weiterkommen?

Dörthe war beliebt, eigentlich überall gern gesehen gewesen.

Die Menschen, die sie kannten, sagten immer eine Polizistin mit einem sehr großen Herz.

Er bemerkte im Geiste das er nicht in der Vergangenheit von ihr dachte, sondern es sich noch immer so anfühlte, als wenn sie da wäre.

Er schaute nachdenklich aus dem langen Fenster, wo wunderschöne Orchideen in mannigfaltigen Farben blühten auf der Fensterbank.

Völlig versunken in seine Überlegungen, verfolgte er den Faden weiter.

Sie würden alle schmerzlich die Freundin in ihrer Mitte vermissen, sie würde eine Lücke hinterlassen, die nicht zu schließen war.

Niemals…

Trauer konnten sie erst zulassen, wenn sie das Rätsel um ihren Tod gelöst hatten, dann war die Zeit gekommen, wo sie versuchen mussten, den Verlust zu verkraften.

In seinen Gedanken völlig versunken fühlte er plötzlich eine Hand auf seinem Arm und sein Blick, der vorher ins Leere gerichtet war, kehrte in die Küche zurück.

Er schaute in die liebevollen Augen von Hetty, die seinen Arm herzlich drückte.

Jetzt erst bemerkte er die Stille im Raum und fühlte das seine Wangen nass waren, er hatte geweint, ohne es zu bemerken.

Peinlich berührt räusperte er sich und murmelte ein leises Sorry.

Alle hier in der Küche Anwesenden wirkten betreten, er schaute in die Runde.

Sie wirkten allesamt übermüdet und zerknittert, bläuliche Ringe schimmerten unter aller Augen.

Die sonst so fröhlichen Exlehrerinnen waren still und in ihrer eigenen Welt, bewirteten routiniert die drei jüngeren Männer.

Adele hatte ihnen allen eine ordentliche Portion Rührei aufgetan und Paul nahm die Gabel in die Hand.

Hinnerk und Gerrit schienen ordentlich Hunger zu haben, ihm selbst war eigentlich gar nicht nach essen zumute, aber es war niemanden geholfen, wenn er hungerte.

Mit der ersten Gabel, die er sich in den Mund schob, sobald er den salzigen Geschmack des knusprigen Specks auf der Zunge hatte, kehrte sein Appetit zurück.

Er griff nach einer Scheibe des dick geschnittenen, selbstgebackenen Weißbrotes, schmierte üppig Butter darauf.

Sein Cholesterinspiegel würde in unermessliche Höhen steigen und beim nächsten Bluttest würde sein Hausarzt die Hände über dem Kopf zusammenschlagen.

Das spielte heute keine Rolle, wer weiß wann sie wieder jemals vernünftig Muße für eine ordentliche Mahlzeit hatten.

„Langt tüchtig zu, meine Lieben!“

Mit diesen Worten ging Adele in den hinteren Teil der Küche.

Dort stand neuerdings ein moderner Backofen im Vintage Stil.

Der Ofen war ein Geschenk zu Weihnachten von Hinnerk und Paul letztes Jahr.

Hinnerk hatte den alten schmiedeeisernen Backofen, der mit Kohle befeuert wurde, als zu gefährlich erachtet.

Also hatten er und sein Freund kurzerhand entschlossen etwas Moderneres zu schenken und Selbigen auch gleich in einem Schrank verkleidet installiert.

Erst hatten die beiden Schwestern gemault und sich dagegen gewehrt, aber nach und nach an den jetzt in ihren Augen, guten modernen Schnickschnack gewöhnt.

Paul befand schon nach zwei Wochen das es die beste Investition in ein Geschenk seit langem war.

Seit dieser Ofen da war bucken die beiden ehemaligen Lehrerinnen die besten Kuchen, Torten und Plätzchen.

Es war, als wenn sie eine private Konditorei erschaffen wollten, köstliche Kreationen entstanden in dieser Küche.

Oftmals lieferte ein Taxifahrer eine Fuhre Gebäck oder Kuchen auf der Westerländer Wache ab.

Paul musste eine Zeit lang, extra Stunden im Fitnessstudio einlegen, da er zugenommen hatte und seine Hosen nicht mehr zu gingen.

Nun hatte er das aber in den Griff bekommen, genoss aber dennoch immer wieder die ein oder andere Schlemmerei der Frauen.

Er hatte gelernt sich dann anderweitig einzuschränken, so funktionierte es.

Adele kam mit einem Korb zurück zum Tisch, wo goldbraune Brötchen heiß dampfend schimmerten.

Hetty hatte den gehäkelten Eierwärmer vom Schrank auf den Tisch gestellt, und war dabei hauchdünne Scheiben von einem Stück geräucherten Schinken zu säbeln.

„Adele, hol doch mal jetzt den Lachs und Sahnemeerrettich aus dem Kühler!“

Paul griff in den wolligen Eierwärmer hinein und packte sich ein XL-Ei in den kleinen Eierbecher, der die Form eines Hahnes hatte.

Shit auf das Cholesterin, man lebte nur einmal.

Gerrit löffelte gerade Erdbeermarmelade auf ein warmes Brötchen und Paul grinste.

Die beste Marmelade auf Sylt, da nahm man schon mal mehr.

Natürlich selbstgemacht…

Hinnerk hatte sich die Reste des Bacon mit Rühreі einverleibt und rülpste leise.

Niemand sprach, man hörte nur im Hintergrund das Surren des neumodernen Ofens, der die Backröhre herunterkühlte.

Ab und zu klirrte ein Messer, man hörte ein Schlürfen des Kaffees.

Niemand sagte auch nur ein Wort, jeder genoss gerade schweigend die luxuriöse Mahlzeit.

Paul hoffte insgeheim das Rika und Lene es auch so gut getroffen hatten in irgendeinem Café.

Auch wenn er jetzt schon wusste das das ein Ding der Unmöglichkeit war.

Das war das beste Frühstück, was er jemals serviert bekommen hatte, zu einem so grauenvollen Anlass.

Diesen stillen, traurigen Morgen würde er niemals vergessen.

Entschlossen köpfte er mit einem Schlag sein warmes Ei, geschockt hielt er inne.

Vier Augenpaare starrten auf seine Hände…

Paul legte den Löffel beiseite, ihm war der Hunger gerade vergangen.

Allen ging es ebenso, Hinnerk schob das Porzellan von sich und Gerrit legte das Besteck überkreuz auf seinen Teller.

Adele und Hetty standen leise auf und räumten geschäftig den Tisch ab, nach zehn Minuten war der Tisch geleert und Hetty putze mit einem feuchten Tuch die Krümel vom Tisch in ihre Hand.

Adele stellte saubere Teller vor jeden einzelnen und einen kleinen Likörkelch aus Kristallglas.

Hetty kam mit einer Sherry Karaffe und einem Kuchenteller in der anderen Hand aus dem Wohnzimmer.

Eine mit Schokoladenguss verzierte Torte wurde auf den Tisch gestellt.

„Junge bist du so gut und schneidest schöne schmale Stücke für uns alle?“

Mit diesen Worten reichte Adele Hinnerk ein funkelndes langes Tortenmesser.

Wieder starrten alle auf das im Lichtschein funkelnde Messer, die Klinge blitzte im Tageslicht.

Hinnerk zog die Kuchenplatte zu sich heran und begann eilends die Klinge in dem saftigen Gebäck zu versenken.

Als die scharfe Schneidefläche schokoladenbeschmiert wieder zu sehen war, entspannte sich die kleine Gesellschafft nun merklich.

Paul hatte jeweils einen kleinen Schluck Likör in die fünf Kelche geschüttet.

Adele ergriff das Wort.

„Soooooo, wir wissen ja, warum ihr uns zu so ungewohnt früher Stunde hier besucht.

Wir freuen uns immer über euer Erscheinen, aber dieses Mal ist ein schauriger Anlass dahinter!

Gestern Abend und heute in der Früh haben wir alle Einzelheiten in unsere Köpfe zurückgeholt.

Hetty hat sie gesehen, als sie reinkam, ich erst als sie am Hummer-Becken vorbei war.

Ganz in schwarz war sie gekleidet, aber modisch.

Teuer aussehend angezogen, edel, Markenware.

Große dunkle Sonnenbrille, Chanel, war an der Seite deutlich zu sehen.

Ich dachte noch sie lässt sie auf, weil jeder sehen soll das sie ein Chanel Brille trägt.

Nicht wirklich was Besonderes hier auf Sylt.

Man konnte kein Haar sehen, es muss sehr kurzgeschoren gewesen sein.

Ich weiß noch ich dachte, sie sieht verhärmt aus, verlebt, unglücklich.

Sie sprach sehr leise und da wir ja mal wieder eine alberne Diskussion mit der Nachbars

Schnepfe hatten habe ich ihre Bestellung nicht gehört.

Sie bewegte sich irgendwie langsam verstohlen, als wenn sie was zu verheimlichen hätte und an ihrem Handgelenk baumelte eine kleine Mehrweg- Plastiktüte einer teuren Parfümerie.

Turnschuhe die kein Geräusch hinterließen beim Laufen.

Daran könnte ich mich nämlich erinnern, wenn es geklackert hätte oder so quietschende Geräusch wie Turnschuhe auf Fliesen manchmal hinterlassen.

Aber dennoch, als sie mit ihrem Lachsbrötchen hinausging, kam mir an ihren Gang, wie sie sich bewegte etwas bekannt vor.

Diese bucklige Haltung, den Kopf eingezogen, als wenn man sich am liebsten unsichtbar machen wollte.

Ich habe ihr hinterhergesehen als sie Richtung Parkplatz gegangen ist und habe überlegt, woher ich diese Körperhaltung kenne.

Aber dann kam die ganze Aufregung und ich vergaß es.

Gestern Abend ist es mir wieder eingefallen!“

Sie nickte vehement und zog ihr verrutschtes wollenes Schultertuch wieder in Form.

Zupfte hier und da ein paar Flusen ab und nickte weiter.

Jetzt begann ihre Schwester Hetty leise zu reden.

„Wir sind alles hundertmal durchgegangen und sind uns zu 99 Prozent sicher.

Der Gang, die Körperhaltung, dieses verstohlene, sich verstecken.

Das passt, auch wenn es viele Jahre her ist.

Sie war nur ein paar Wochen bei uns in der Schule, kam von einem teuren Internat vom Festland, in das sie wieder zurückging.

Wir haben die ganze Nacht alte Klassenbücher und Fotobücher gewälzt.

Wir haben sie gefunden!

Rabea Eggen…

So ist ihr Name, sie müsste nun an die 50 sein.

Damals war sie 15 Jahre alt, als ihre Mutter bei einem Boots Unfall gemeinsam mit ihrem Bruder Bjarne umkam.

Der Junge war auch auf einem Internat, daher kannten wir ihn nur vom Sehen, hier auf der Insel.

Das muss so Ende der 80er bis Anfang der 90er Jahre gewesen sein.

Deshalb war sie aus dem Internat hier, für die Beerdigung.

Der alten Eggen, ein richtiger Griesgram hat sie dann wieder fortgeschickt, wollte sie nicht mehr um sich haben.

Es war damals ein Schnellbootunfall in Südfrankreich, der Bruder liebte schnelle Autos und Boote.

Die Eggens waren eine alteingesessene Familie hier auf Sylt, haben aber eigentlich hauptsächlich in Kiel gelebt.

Vor vielen Jahren habe ich den Alten mal gefragt, das muss auch schon 20 Jahre her gewesen sein.

In der Kirche sah ich ihn und erinnerte mich an die kleine Rabea.

Das war kurz vor seinem Tod, er hat den Verlust der Frau und des Sohnes nie verwunden, hatte nicht viel Liebes über seine Tochter zu sagen.

Leider…

Knapp erwähnte er sie habe geheiratet, einen Dänen und lebt in Dänemark.

Danach habe ich das alles vergessen.

Es war unwichtig, auch wenn das Mädchen oder jetzt die Frau , mir leid taten.

So einen kalten Vater hat ja niemand verdient.

Aber oft bei dem alten Geldadel ist ein Mädchen nicht so viel wert, nur der Stammhalter zählt.

Schrecklich so etwas…

Erst jetzt viel mir das alles wieder ein.

Gut, dass in meinem Kopf noch alles da ist, ich muss es nur immer wieder neu anordnen und die Gedanken sortieren.

Das Haus steht noch immer in Kampen, ist bestimmt mittlerweile schon verkauft!“

Sie endete atemlos und schaute in die Runde.

Paul stand am Fenster und Hinnerk war auch aufgestanden.

Gerrit saß noch und starrte verwirrt in die Runde.

„Paul, Kiel!“

Hinnerks Stimme war nur ein Flüstern.

„Es muss mit dir zu tun haben.

Dörthe ist nie in Kiel gewesen und sie war zu jung, um Rabea zu kennen!“

Haverbeck wirkte sichtlich geschockt, schluckte schwer.

Sein Gesicht war aschfahl geworden und er umklammerte die Stuhllehne so fest, dass seine Fingerknöchel weiß wie Schnee wirkten.

Gerrit mischte sich ein.

„Rabea Eggen, sagt dir der Name etwas?“

Er hantierte an seinem Handy, tippte etwas ein.

„Rabea Eggen, verheiratet mit dem dänischen Selfmade Millionär Magnus Nielsen.

Besitzer des Kieler Tageskuriers, Verstorben Mitte 2016 unter mysteriösen Umstanden in Untersuchungshaft.

Paul, sagt dir der Name Magnus Nielsen was?

Es muss aus deiner Kieler Zeit sein.“

Haverbeck torkelte, Hinnerk musste ihn stützen, nun hatten sich seine Gesichtshaut grünlich verfärbt.

„Rika, sie ist in Gefahr. Wir haben den Fall gemeinsam bearbeitet, damals!

Rika, wo ist sie jetzt?“

Seine Stimme war ein heiseres Flüstern.

Hinnerk griff zu seinem Handy am Gürtel und schaute seinen blassen Freund an.

Man konnte eine Stecknadel in der Küche fallen hören.

Hetty sog jetzt hörbar den Atem ein, sie hatte nicht gewusst das ihre Ankündigung so einen Schrecken auslösen würde.

Hatten sie etwa die Mörderin von Dörthe Dorfberger schon gefunden?

War es tatsächlich so einfach, die Lösung des Falls nur noch ein paar Schritte entfernt?

In diesem Moment erklang das schrille Piepen von Gerrits Handy, er drückte den Anruf an.

„Gerrit, ich bin es. Rika ist weg, gerade war sie noch hier, plötzlich ist sie verschwunden.

Ich bin in Westerland, auf dem Parkplatz an der Strandpromenade.

Es ist keine 10 Minuten her, ihr müsst sofort kommen.

Sie ist wie vom Erdboden verschluckt, keiner hat etwas gesehen!

Bitte, kommt, schnell…"

Lenes Stimme klang panisch, fast hysterisch, sie hörten sie schluchzen.

Gerrit stand schon in der Küche, Hinnerk und Paul standen im Flur und zogen hektisch Jacke und Schuhe an.

Die beiden alten Damen starrten geschockt in den Flur, die Ereignisse überschlugen sich…

11.August 2019

Paul Haverbeck und seine Kollegin Rika Joken hatten Dienstschluss.

„Gehen wir noch was Essen?"

Sie schaute Paul an.

Er wirkte müde und gestresst.

„Diese Verhaftung vor drei Wochen steckt mir noch in den Knochen!

Ein Jahr haben wir ihn abgehört, beschattet, dieser Mann war echt glatt wie ein Aal.

Das ausgerechnet die Kollegen von der Wirtschaft was gefunden haben hat mich echt überrascht.

Aber dass er sich in U-Haft aufhängt, hat mich noch mehr verwundert.

Ein Typ wie dieser Nielsen hat doch eigentlich null Gewissen, oder?

Was meinst du dazu?

Da geht es nicht mit rechten Dingen zu, davon bin ich wirklich überzeugt, aber wo sollte man da ansetzen?

Sein Umfeld strotzt nur so vor Feinden, einzig seine Frau war ihm wohlgesonnen.

Paul, sie war vor 14 Tagen hier und hat uns gedroht.

Du warst schon weg, ich wollte es dir eigentlich schon lange erzählen, aber dann ist dieser neue

Fall angebrochen und wir hatten kaum Zeit auch nur ein vernünftiges Wort zu wechseln.

Was waren das für hektische Tage…

Aber ich habe ihr geglaubt, sie hat gedroht es passiert etwas, wenn wir uns nicht bemühen diesen Fall endlich zu klären.

Sie hatte so etwas in den Augen, was mir Angst gemacht hat.

Glaubst du sie hat dieselben Verbindungen wie ihr Mann?

Rabea Nielsen wirkt nicht wie eine Frau, die zu Gewalt neigt, aber dennoch hat sie blanken Hass in ihrem Gesichtsausdruck gezeigt, an diesem Tag.

Der Kollege vom Einlass hat sie dann hinausbegleitet, ich sage mal eher entfernt!“

Rika schüttelte den Kopf, wenn sie an diesen Tag zurückdachte, es herrschte hochsommerliche Hitze.

Temperaturen von über 30 Grad.

Normal wäre sie auf die Gefühle der trauernden Frau eingegangen, aber sie war genervt und hatte sich auf Dienstende gefreut.

Also hatte sie wenig emphatisch reagiert, worauf sie die letzten Tage ein schlechtes Gewissen bekam, auch sich selbst gegenüber.

Sie hätte nichts an den Tatsachen ändern können, aber ein wenig Nettigkeit und Mitgefühl wären nicht schädlich gewesen, einer trauernden Witwe gegenüber.

Egal, wie kriminell der Mann auch gewesen sein mochte, sie selbst hätte anders reagieren müssen.

„Ach, Rika… Die Sache ist für uns abgeschlossen, sollen sich andere den Kopf darüber zerbrechen, das liegt außerhalb unserer Befugnisse.

Mir brummt der Schädel von der Wärme, ich fahre nach Hause.

Sarah hat heute frei und wir können mal einen ruhigen Abend genießen!"

Paul wuschelte Rika im Vorbeigehen durch die Haare und knallte seinen Spind mit Wucht zu.

Plötzlich würde die Tür aufgerissen, der Wachhabende Jens Ortmann stand breitbeinig in der Tür.

„Paul, es ist deine Frau.

Ein Unfall mit dem Wagen, sie haben sie in die Uniklinik gebracht.

Schnell, es eilt, Rika … fahr mit!

Draußen wartet eine Streife auf euch!"

Haverbeck, der eben noch müde und schlapp wirkte, war leichenblass und schon aus der Tür.

Ortmann hielt Rika am Arm fest und flüsterte.

„Sie ist tot, man konnte nichts mehr für sie tun.

Sag du es ihm, ich kann das nicht!"

Vom Gang her hörte man den Oberkommissar rufen.

„Rika, komm … wo bleibst du denn?“

Rika spürte, wie ihr das Mittagessen in den Hals zurückstieg, sie versuchte den Kloß hinunterzuschlucken.

„Ich bin unterwegs Paul, eine Sekunde noch!“

Zu Ortmann gewandt flüsterte sie.

„Wie, was ist passiert?“

„Ich weiß nichts Genaues, nur das die Bremsen an ihrem Auto versagt haben, sie ist in einen Brückenpfeiler geprallt!“

„Jens, wie sag ich es ihm bloß?“

Er zuckte die Schultern, er hatte keine Lösung für sie parat.

„Dann lass den Arzt in der Klinik das erledigen!“

Rika wischte sich eine Träne weg und sprintete los…

Kapitel 6

„Erinnern“

Rika und Lene schauten sich an als die Männer das Haus verlassen hatten.

„Wohin gehen wir zum Frühstücken ich kenne hier noch nicht viel von Sylt!“

Lene griff nach ihrer Jacke und nahm den Zündschlüssel von Gerrits Jeep vom Tisch.

„Komm wir fahren hoch zur Strandpromenade, da wird schon irgendwo ein Café sein, wo wir ein Brötchen bekommen werden.

Den Weg kenne ich von hier aus, vielleicht gehen wir nur einmal ein bisschen Luft schnappen, Hunger verspüre ich eigentlich gar keinen.“

Rika nahm ihren Parka von der Garderobe, während sie sprach, ihr war kalt und sie verspürte ein Grummeln im Bauch.

Das schlechte Gefühl in ihr hatte sich verstärkt seid die Männer gegangen waren.

Sie konnte sich eigentlich immer auf ihren Bauch verlassen, im Moment fühlte sie das sich etwas gewaltig Schlechtes wie eine Woge auf sie alle zu bewegte.

Der Himmel war grau und etwas Nebel waberte feucht über den Asphalt, als sie die Haustür abschlossen.

Müde strich Rika sich die Haare aus der Stirn und betete das sie sich heute täuschte.

Aber sie wusste das sie sich nie irrte, das hatte eine so gute Polizistin aus ihr gemacht.

Ihr Bauch gepaart mit ihrer Beobachtungsgabe hatten sie so vor manch böser Überraschung gewarnt.

Nur bei ihrer Schwester hatte es gänzlich versagt, ihr Gefühl.

Sie war aufgeregt gewesen vor ein paar Monaten, weil sie Paul wiedersehen sollte, hatte das Grummeln in der Magengegend ignoriert, es auf die Vorfreude des Wiedersehens mit ihm geschoben.

Heute wusste sie genau, dass sie sich nicht täuschte.

Die Umstände waren zu grausam, um das Gefühl jetzt einfach zu ignorieren.

Sie stieg in den Jeep zu Lene und wünschte sich die Tage zurück, als sie hier angekommen war, ihre Welt hier noch nicht ins Schleudern geriet.

Sie wusste, es betraf sie nicht, wie hätte sie das Böse mit nach Sylt bringen können?

Das ging nicht, so etwas gab es nicht.

Das Böse, Mord und Todschlag lauerten überall auf der Welt.

Nicht nur hier oder auf Fehmarn, es war allgegenwärtig.

Trotzdem zog sie im Moment das Unglück magisch an, zumindest ihrer Meinung nach.

Vielleicht war auch alles einfach zu viel für sie, in so kurzen Zeitabständen hintereinander.

Plötzlich hatte sie den Wunsch nie hierhergekommen zu sein, vielleicht wäre die junge Frau dann noch am Leben.

Vielleicht wäre dieser Mord nie passiert, wenn sie nie einen Fuß auf Sylt gesetzt hätte.

Lene neben ihr konzentrierte sich auf den Verkehr und fuhr nach der Verkehrsbeschilderung, die den Weg zum Strand aufzeigte.

Es waren im Moment nicht so viele Autos unterwegs, die Saison des Sommers war vorbei, nicht viele Touristen weilten auf der Insel.

Nach knappen zehn Minuten fuhr Lene in eine schmale Parklücke in der Nähe der Promenade, sie bugsierte geschickt den unübersichtlichen Wagen in die enge Lücke.

Als die beiden Frauen gleichzeitig die Fahrzeugtüren öffneten, schlug ihnen sofort ein scharfer Wind entgegen.

Es roch nach Salz und Meer, der Wind jaulte leise auf und man spürte sofort die hohe Luftfeuchtigkeit der Nordsee.

Rika schlug sofort den Kragen ihrer Jacke hoch und bereute es keine Mütze eingesteckt zu haben, der Sommer war irgendwie über Nacht dem Frühherbst gewichen.

Sie wusste das es sich an der Nordsee schlagartig ändern konnte, aber diesmal fühlte sie den Herbst mit jeder Faser ihres Körpers.

Lene verriegelte den Jeep und sie wandten sich nach rechts, schnellen Schrittes liefen sie dem Rauschen der Wellen entgegen.

Wenige frühe Spaziergänger waren unterwegs, die Läden würden erst gegen zehn Uhr öffnen, viele auch geschlossen bleiben, da die Tourismuszeit erst einmal vorbei war.

Lene entdeckte ein kleines Café, das schon geöffnet hatte, die gelangweilte Bedienung stand hinter dem Fenster und betrachtete die Straße.

„Dahin?"

Lene drückte ihren Arm und deutete auf das menschenleere Bistro.

„Lass uns erst ein paar Schritte im Wind tun, das wird jetzt helfen den Kopf wieder klar zu bekommen."

Die junge Pathologin nickte und gemeinsam betraten sie den Aufgang hoch zu der Strandmauer.

Rika stockte der Atem, wie immer, wenn sie die Weite der See erblickte.

Der Westerländer Strand war weit und wunderschön, ein breiter Sandstreifen gesäumt vom

Kamm der Wellen, ein paar verlassene Strandkörbe platziert im Bereich des Strandabgangs.

Hier hörte man das Rauschen der Brandung nun lauter, der Wind zerrte an der Kleidung und den Haaren und die raue Schönheit der Urgewalt des Wassers übte eine unwiderstehliche Faszination auf Rika aus.

Heute aber spürte sie die Gewalt umso mehr, sie empfand das Stampfen der Brandung als unheilvoll, Gefahr verheißend.

Gemeinsam gingen sie zum Wassersaum, hier ließ es sich besser laufen, der Sand war durch die Feuchtigkeit fester und die Beine konnten sich ein wenig entspannen, nachdem sie eine ganze Weile durch lockere Sandmassen gestapft waren.

So liefen sie eine ganze Zeit schweigend im Takt der Wellen die Weite des Strandes entlang.

Am Horizont ballten sich ein paar schwarze Wolken zusammen, Rika fand das genau passend.

Sie schaute links zu ihrer Laufgefährtin hinüber, die den Blick geradeaus gerichtet hatte.

Der kurze Pagenkopf von Lene war windzerzaust und ihre Wangen gerötet.

Rika verstand, was Gerrit an der jungen Frau fesselte, sie strahlte Ruhe und Zuversicht aus, gleichzeitig wirkte sie selbstsicher und in sich ruhend.

Eine gute Kombination bei der sich ein Mann zuhause fühlen konnte.

Das gleiche sah sie bei Paul, er gab ihr selbst die Ruhe, die sie benötigte und die Kraft immer weiterzumachen.

Gleichzeitig beruhigte sie seine Anwesenheit und seine Kraft trieb sie an, das Leben musste weitergehen, egal wie schwierig die Ereignisse sich gestalteten.

Sie waren ein schönes Paar, Lene und Gerrit Moor, sie wünschte den beiden das es ewig hielt, dass ihre Zuneigung alle Hürden überwinden konnte.

Ähnliches hoffte sie, würden Paul und sie finden,

wenn das alles hier ausgestanden war.

Steine musste man aus dem Weg räumen, Mauern musste man überwinden, Berge erklimmen und über Hürden springen…

Das war der Lauf der Dinge, die Welt würde sich weiterdrehen, egal was noch passieren würde…

Sie allein konnte daran nichts ändern, niemand konnte das.

War es Schicksal, oder Bestimmung, hatte wirklich alles im Leben einen tieferen Sinn?

Welchen Sinn hatte es einen Menschen auf so brutale, grausame Weise aus dem Leben zu reißen?

Sie dachte an ihre Schwester und ihren Verlobten, an Dörthe, an all die Toten, die im Laufe ihrer Dienstzeit ihr Leben so traurig gemacht hatten.

Sie musste endlich lernen abzuschließen, hier auf Sylt mit Paul gemeinsam würde sie nun die Kraft dazu finden.

Mit jedem Schritt wurde es klarer für sie, abzuschließen mit den Geschehnissen, die sie so unfassbar traurig machten.

Es wurde an der Zeit loszulassen, nie zu vergessen, aber auch nicht ständig zurückzublicken.

Nach einer Stunde drehten sie schweigend um und hingen weiter ihren eigenen Gedanken nach.

Der Wind, die Luft und die See taten gut, sie wurde ein wenig positiver gestimmt.

Wenn dieser Fall hinter ihnen lag, würde sie nach vorne schauen und sich nie wieder umdrehen.

Alles würde gut werden und Pauls Zuneigung war das, was jetzt für sie zählte.

Sie würde verzeihen, allen und sich selbst, aber niemals vergessen…

So schritten die beiden in Gedanken versunkenen Frauen nebeneinanderher, an diesem Freitagmorgen am Westerländer Strand.

Auf Höhe des Treppenaufgangs zur Geschäftsstraße, lächelte Lene Rika an.

„Das hat gutgetan, die Gedanken zu sortieren und zu wissen das alles Schlimme irgendwann vorbei geht. Findest du nicht?

Gerrit und ich machen das öfter mal, manchmal täglich.

Allerdings stehen wir dann im Hamburger Hafen und sehen uns die Schiffe an.

Das hat für uns beide eine beruhigende Wirkung, ist fast ein Ritual von uns geworden.

Nachts ist es besonders schön, die Lichter, die sich bunt auf dem Wasser spiegeln.

In unserem Job müssen wir lernen die Arbeit hinter uns zu lassen.

Dieser Fall ist natürlich etwas anderes, man fühlt sich persönlich betroffen und angegriffen.

Es trifft uns mehr, wenn es aus unserer Mitte kommt.

Aber wir müssen lernen es außen vor zu lassen.

Nur so können wir helfen und unsere Fälle lösen.

Sollen wir uns einfach ein Brötchen mit zu Paul nehmen, ich habe keine Lust im Café zu sitzen?"

Lene schaute Rika an und lächelte, ihr Gegenüber nickte.

„Okay Rika, ich hüpfe dort eben rein und hole uns ein paar Brötchen, magst du schon zum Auto schlendern, ich hole dich dann ein!"

Mit diesen Worten bog sie in das kleine Bistro ab, das im Fenster eine Auswahl an Backwaren bereithielt.

Geduldig stellte sie sich am Ende der Reihe an.

Mittlerweile waren die Westerländer erwacht, die Uhr zeigte nach zehn an.

Draußen war es noch immer ruhig und wenige Menschen auf den Straßen zu sehen, aber vor ihr waren fünf Personen die Brötchen oder Brot kaufen wollten.

Sie zog ihr kleines Portemonnaie aus der Hosentasche und kramte nach Kleingeld.

Sie hatten es nicht eilig und hungrig war weder sie noch Rika, aber ein bisschen was mussten sie Essen.

Die Schlange rückte auf und ein junges Paar verließ mit einer Brötchentüte in der Hand das Bistro.

Lene reckte den Hals, um zu sehen, ob sie auch Körner oder Müsli Brötchen hatten.

Gerrit neckte sie immer, dass sie eine richtige Dinkel-Dagmar war und ihr Bruder ein Müsli-Max, da sie beide pedantisch auf eine gesunde Ernährung achteten.

Es wäre schön, wenn sie hier, was mit Dinkelmehl bekommen würde…

Rika zog den Parka enger um sich, im Schlenderschritt war es deutlich kühler, als wenn man vernünftig lief.

Der Wind fegte kalt durch die Friedrichstraße in Westerland, noch immer waren nur wenige Fußgänger unterwegs.

Auch Fahrradfahrer sah sie kaum, bei dem ungemütlichen Wetter verließ man das Haus nur wenn es sein musste, heute.

Da war schon die Straße, wo sie abbiegen musste, nur noch wenige Schritte und sie war am Jeep.

Rika drehte sich um und hielt nach Lene Ausschau, sie war noch immer nicht zu sehen.

Es war wohl doch voller im Bistro und Lene würde anstehen müssen.

Sie beschloss am Wagen zu warten und steckte die Hände tief in die Jackentaschen, sie würde etwas essen müssen.

Die Unterzuckerung machte sich bemerkbar, nur von schwarzem Kaffee konnte man nicht leben, ein säuerlicher Geschmack machte sich in ihrem Mund breit.

Gleich würde sie sich einen heißen Tee kochen und einen guten Löffel Honig hineingeben, sie spürte ein widerliches Kratzen im Hals.

Wahrscheinlich auch die Zigaretten von gestern.

Hoffentlich hatte Paul Honig im Schrank, es würde ihrem Hals jetzt guttun.

So ging sie langsam auf den dunklen Jeep zu. Rechts neben ihnen parkte ein schwarzer SUV mit getönten Scheiben und eine zierliche Frau saß auf der Kante des geöffneten Kofferraums, sie hielt eine Hand auf die linke Brust gepresst und atmete hörbar schwer.

Das Gesicht war bleich und die Augenlider der Frau flatterten.

Sie mochte gute 50 Jahre alt sein und Rika sah das sie extreme Beschwerden hatte, sofort kam die Polizistin in ihr durch und eilig machte sie drei Schritte zu der hilfsbedürftigen Person herüber.

„Kann ich Ihnen helfen, soll ich einen Rettungswagen rufen?

Haben sie Schwierigkeiten beim Atmen?“

Sie streckte die Hand aus, um die Notleidende an der Schulter zu stützen.

„Meine Freundin kommt gleich, sie hat eine ärztliche Ausbildung!“

Mit lauter, klarer Stimme sprach sie die Frau an und drehte sich nach ihrer Begleitung um, wo blieb Lene bloß?

So voll war es doch nicht gewesen, mussten ausgerechnet jetzt alle Leute Brötchen kaufen.

Der Stromschlag traf sie plötzlich und völlig unerwartet am Hals.

Schlagartig wurde alles schwarz und sie kippte zuckend kopfüber in den geöffneten Kofferraum des großen, dunklen Autos.

Bewusstlosigkeit umfing sie in dieser Sekunde…

Das war ja doch einfacher als sie sich gedacht hatte, Rabea Nielsen hob die Beine des bewusstlosen Opfers über die Kante des Kofferraums und knallte den Deckel herunter.

Nun nach innen rein, zum Glück waren die Scheiben getönt, man konnte von außen nichts sehen.

Der Plan hatte hervorragend funktioniert.

Der Einfall war spontan in ihr aufgekommen als sie die beiden Frauen heute Morgen verfolgt hatte.

Im Handschuhfach lag der kleine Taser von Magnus, er hatte ihn ihr damals zur ihrer eigenen Sicherheit gekauft.

Der Teufel wusste, woher er so etwas immer bekommen hatte, in Deutschland war es eigentlich illegal.

Aber nun hatte das Gerät seinen Zweck erfüllt.

Sie lächelte vor sich hin, die Leidende zu spielen hatte alle Vorsicht in der Polizistin verschwinden lassen.

Sie wollte nur helfen, das war ihr jetzt zum Verhängnis geworden.

Wie sollte sie auch ahnen das es eine Falle war, die ihr gestellt wurde?

In der weisen Voraussicht hatte Rabea in der Garage die Sitzbank umgeklappt, nun griff sie schnell die stabilen Kabelbinder, um die Hände und Füße des Opfers festzurren, anschließend knebelte sie die Frau noch.

Die Kabelbinder hatte sie gestern Abend im Handschuhfach gefunden, warum auch immer sie dort lagen, seit Jahren schon.

Die hier war vom Gewicht beträchtlich leichter als die andere, das kam Rabea zugute.

Anschließend bedeckte sie ihr Opfer komplett mit einer dunklen Decke aus dem Kofferraum, sie hatte keine Lust auf Überraschungen, wenn sie auf der Fähre war.

Auf Römö würde sie weiter improvisieren, darin hatte sie anscheinend ein mächtiges Talent.

Wenn sie endlich wieder auf dänischem Boden war, würde sie die Präsenz ihres Geliebten wieder mehr fühlen.

Wieder einmal spürte sie das Magnus, ihr geliebter Ehemann, stolz auf sie gewesen wäre.

Das trieb sie voran, nun würde auch diese Dame aus dem Harem des Paul Haverbeck verschwinden…

Befriedigt startete sie den Metallic-Schwarzen Volvo und fuhr entspannt aus der Parklücke, das ganze hatte nicht länger als fünf Minuten gedauert.

Nun würde sie zum Lister Hafen fahren und die Fähre auf die dänische Insel Römö nach Havneby nehmen.

Haverbeck, Hinnerk und Gerrit sprinteten zu dem schwarzen Audi.

Nun musste es schnell gehen, die Finger des Kommissars zitterten als er im Büro anrief.

Sören nahm das Telefon sofort ab, seine Stimme hörte sich heiser und müde an.

„Rabea Nielsen, ich brauche eine Adresse, welche Fahrzeuge auf sie gemeldet sind, und eine Personenbeschreibung, zügig…

Ich bleibe dran!“

Man konnte die Tastatur des Computers hören, als Sören darauf einhackte.

„War sie es, warum? Wer ist sie?

Was hat sie mit Dörthe zu tun gehabt?“

Seine Stimme klang schrill, während er weiter im Hintergrund die Tasten bearbeitete.

„Adresse und Fahrzeuge gehen jetzt auf dein Handy, eben in diesem Moment.

Bild und Personenbeschreibung folgt, Chef, sag mir was los ist?“

Haverbeck maulte ins Telefon, auch seine Stimme hörte sich ungewohnt unsicher an.

„Gib beide Fahrzeuge zur Fahndung raus und auch die Personenbeschreibung, Rika ist verschwunden!

Schick sofort zwei Streifenwagen an die Adresse und bleib um Himmels Willen im Büro, wir brauchen dich dort!“

Er drückte das Gespräch eilig weg.

Einen durchdrehenden Sören Januschek konnte er nun nicht gebrauchen

„Hinnerk, fahr schneller!“

Paul schrie seinen Kollegen auf der Fahrerseite an.

In diesem Moment schrillte wieder ein Telefon, diesmal das von Gerrit.

Sofort hatte der Gerichtsmediziner das Handy in der Hand.

„Hmmm, ja, okay, ja das hilft!

Paul das ist das Labor, Lack und Teppich stammen von einem Volvo!

Danke, ich berichte!“

Gerrit steckte das kleine Gerät weg und beugte sich nach vorne.

Paul trommelte nervös mit den Fingerspitzen auf seinen Knien herum, im Gesicht zeigten sich hektische rote Flecken.

Gerrit hing mit seinem Kopf zwischen den Vordersitzen und er schien zu überlegen.

„Kannst du dich an den Fall erinnern?“

„Nicht mehr haargenau, wir haben ihn lange observiert, Magnus Nielsen.

Er hatte seine Finger überall drin, Drogen, Waffen, Schmuggel.

An seine Frau erinnere ich mich kaum…

Wir konnten ihm nie etwas nachweisen, über ein Jahr Arbeit war damals für die Katz.

Letzten Endes war es die Steuerfahndung, die ihn am Haken hatte, in dem Zug wurden bei der Durchsuchung durch die Wirtschaftsfahnder 20 Kilo Kokain gefunden, in seinem Haus.

Der Straßenwert lag bei knapp einer Millionen Euro.

Ich und Rika haben ihn damals in seinem Haus in Kiel festgenommen.

Er saß 14 Tage in U-Haft, was im Gefängnis passiert ist, weiß ich nicht.

Ich war nach der Verhaftung raus aus dem Fall, wir waren alle geschockt als wir erfuhren das er sich mit einem Schnürsenkel erhängt haben soll.

Es war unklar, woher der Senkel stammte.

Kurz darauf hatte meine Sarah damals den Unfall, dann war ich raus und habe auch nie wieder an diese Vorkommnisse gedacht.

Ich weiß nicht ob Rika noch näher involviert war damals.

Wir haben uns ja aus den Augen verloren, ich hatte auch kein Interesse mehr an der Polizeiarbeit, eine Zeit lang zumindest."

Gerrit nickte und Hinnerk schaute zu Paul hinüber.

„Aber was hat Dörthe mit der ganzen Sache zu tun? Das will nicht so ganz genau passen!"

Paul schüttelte den Kopf.

„Wenn ich das mal wüsste, ich habe keine Ahnung, wirklich gar keine!"

Hinnerks Diensttelefon piepte los.

„Okay, am Hafen, die Fähre… auf den Überwachungskameras? Wir drehen um.

Fahren zum Hafen und nehmen die nächste Fähre rüber!"

Abrupt trat er in die Bremse, der Audi blockierte sofort und Hinnerk riss das Steuer herum.

Die Autos hinter ihm hupten und einer der Fahrer neben ihnen tippte sich an die Stirn.

„Wir müssen zum Fähranleger!

Die Fähre legt stündlich ab, Paul ich muss Fynn sofort anrufen, er kann uns helfen, wir haben dort keinerlei Befugnisse und keiner von uns hat seine Dienstwaffe mit. Gerrit ruf Lene an, sag ihr sie soll bei Paul warten, nein sie hat ja keinen

Schlüssel, auf die Wache nach Westerland soll sie, vielleicht kann Lene Sören beruhigen!

Rabea Eggen ist mit dem Volvo auf der Fähre nach Römö, Rika ist bestimmt bei ihr!“

Hinnerk behielt einen klaren Kopf, das schätze Haverbeck so sehr an ihm.

Er selbst war in einem Zustand der absoluten Auflösung, er würde es sich niemals verzeihen, wenn Rika was passierte, nachdem er sie nach Sylt geholt hatte.

Aber nicht nur deshalb, er würde nie wieder glücklich sein ohne sie.

Endlich hatte er gefunden, was er vermisst hatte, und nun sollte er es wieder verlieren?

Das konnte nicht sein, das war nicht gerecht, derartiges durfte ihm nicht noch einmal nicht passieren.

Hinnerk telefonierte schon wieder während Gerrit der Einfachheit halber eine SMS an Lene schickte, sie bat bei Sören auf weitere Klärung zu warten.

Sie waren unterwegs nach Havnesby in Dänemark.

Der junge Kommissar schickte gerade ein Stoßgebet zum Himmel, er hatte in seinen Junggesellenurlauben auf Römö den fast gleichaltrigen Polizisten Fynn Pedersen kennen gelernt.

Er konnte an der Fähre in Dänemark warten und den schwarzen Volvo im Auge behalten, bis er mit Paul und Gerrit vor Ort war.

Auch konnte er dann an dem Haus der Nielsens Posten aufstellen, sie mussten davon ausgehen das Rika noch lebte.

Sonst wäre Rabea Nielson nicht nach Dänemark geflohen.

Wer wusste schon was diese Frau antrieb und warum sie Dörthe getötet und nun Rikka entführt hatte.

Aber eins war gewiss, sie mussten sie aufhalten.

Sein Freund Paul würde einen zweiten Verlust nicht aushalten, er hatte ihn knapp nach dem Tod seiner Frau kennengelernt.

Ein träger Vorgesetzter der seine Dienstzeit auf Sylt bis zur Pensionierung nur absitzen wollte.

Nach und nach war er durch Hinnerks Hilfe aus seinem Schneckenhaus herausgekommen, hatte seine Trauer bewältigt und sich zu einem vitalen, lebensfrohen Freund für seinen jungen Untergebenen entwickelt.

Dieser Prozess hatte fast sechs Jahre gedauert.

Er, Hinnerk, würde auf keinen Fall dulden das Paul erneut so etwas zustieß, was ihn zurück in die Vergangenheit warf.

Fynn ging zum Glück sofort an sein Telefon und Hinnerk hörte den dänischen Dialekt des Freundes.

„Hinnerk, du oller Ochse, was beschert mir die Freude deines Anrufs?

Ich hoffe du kommst mal wieder auf eine Tour nach Römö.

Meine Cousine schwärmt heute noch von deinen Augen und deinen heißen Küssen!"

Er hörte das kehlige Lachen seines dänischen Freundes und lief sofort rot an.

Gerrit musste grinsen und Paul starrte Hinnerk entsetzt an.

Der lachte verlegen und schilderte in knappen Worten dem dänischen Kollegen den Tatbestand.

Er endete mit den Worten: „Fynn, diese Frau ist gefährlich, sehr gefährlich.

Rika lebt noch, lasst sie nicht aus den Augen, weder das Haus noch den Wagen.

Wir sind schon am Fähranleger, ihre Fähre müsste gleich ankommen, bitte, ich verlass mich auf dich!"

„Das kannst du mein Freund, ich regle das mit meinen Kollegen, ich melde mich. Bis gleich!"

Pedersen Stimme war ernst, ein hej hej, der dänische Abschiedsgruss und er hatte aufgelegt.

Rika kam langsam wieder zu sich.

Ihr war furchtbar schwindelig und alle Glieder schmerzten.

Es war dunkel und sie bekam schlecht Luft, im Kopf dröhnte es und alles wirbelte durcheinander.

Jetzt erst registrierte sie das ein Lappen in ihrem Mund steckte, die Zunge war trocken und sie versuchte den Stoff herauszuschieben.

Ein Würgereiz machte sich vom Hals aus bemerkbar, sie versuchte es zu unterdrücken, erbrechen konnte sie jetzt auf keinen Fall.

Sie schloss die Augen und konzentrierte sich auf ihre Atmung durch die Nase, tief ein und langsam wieder ausatmen.

Der muffige Geruch in der Nase, war nicht gerade förderlich dabei.

Nach zwanzig tiefen Atemzügen öffnete sie langsam ihre Lider, leise stöhnte sie auf.

Was war passiert?

Langsam versuchte sie all ihre Gedanken zu sortieren, die Übelkeit ließ etwas nach.

Die Muskeln in ihren Beinen zuckten und sie konnte das Zittern nicht unter Kontrolle bekommen.

Langsam erinnerte sie sich, die Frau die Hilfe benötigte.

Danach war es dunkel geworden.

Ihre linke Halsseite brannte wie Feuer, da wo der Strom in ihren Körper eingedrungen war.

Es musste ein Taser gewesen sein der sie ausgeknockt hatte.

Wie lange sie wohl schon bewusstlos war?

Ihre Hände waren auf dem Rücken straff zusammengebunden, sie tastete vorsichtig mit den Fingerspitzen.

Kabelbinder, sie brauchte jetzt nicht versuchen daran zu zerren, es würde nur in ihr Fleisch hineinschneiden und noch mehr schmerzen.

Die Füße mussten auch zusammengezurrt worden sein, sie konnte beide nicht fühlen.

Nur ein Kribbeln, da die Durchblutung anscheinend komplett abgeschnürt wurde.

Wo war sie?

Sie konnte den Kopf ein wenig drehen, anscheinend lag sie unter einer Stoffdecke, die nach Garage roch.

Da sie kein Motorengeräusch des Wagens vernahm, es aber schaukelte und sie dumpf ein Brummen spürte, wusste sie das sich der Wagen bewegte.

Sie versuchte sich etwas zu drehen, um die unentspannte Körperhaltung auszugleichen, ihre Beine waren kalt und die Füße kribbelten schrecklich, angestrengt mühte sie sich ihre Zehen zu bewegen und das trockene Würgen im Mund weg zu ignorieren.

Es schaukelte ganz leicht, der Wagen schien leer zu sein.

Sie hörte keinen Laut, außer den Wind, der anscheinend durch leicht geöffnete Wagenfenster kam.

Was hatte das alles zu bedeuten?

Wem hatte sie etwas getan, das sie in einen Kofferraum gesteckt wurde und was hatte man mit ihr vor?

Sie war nicht in der Lage gegen den Kofferraumdeckel zu treten da ihre Beine zitterten und sie nicht mehr spürte, wo ihre Füße anfingen oder aufhörten.

Verdammt, hatte ihre Schwester sich auch so gefühlt, würde ihr das gleiche Schicksal zuteilwerden?

Tränen stiegen in ihren Augen auf, sie würde Paul wahrscheinlich nie wieder sehen.

Verdammt, reiß dich zusammen, du hast eine Polizeiausbildung, bist nicht umsonst in den Trainingseinheiten immer sehr gut gewesen, mahnte sie sich selbst.

Lene würde schon Alarm geschlagen haben, die Sylter Polizei und auch Paul waren bestimmt schon auf der Suche nach ihr.

Sie musste sich konzentrieren und auf die Tatsachen fokkussieren, nur dann kam sie heil hier raus.

Mühsam horchte sie auf die durch die Decke abgedämpften Geräusche.

Dort war ein leises Tuten und sie konnte in der Ferne leise Stimmen hören.

Das Kreischen der Seemöwen war unverkennbar…

Sie war auf einem Schiff, gefangen in einem Kofferraum, zugeschnürt wie ein Paket und das übelste war der Knebel in ihrem Mund.

Es musste ein Fährschiff sein, Stimmen, das Schlagen von Fahrzeug Türen.

Es konnte nur die Fähre vom Lister Hafen nach Dänemark sein, auf die Insel Römö.

So lange blieb man nach einem Taserstoß nicht bewusstlos, es sei denn man hatte sie zuzüglich betäubt.

Das glaubte sie nicht, eine zusätzliche Betäubung würde jetzt stärkere Übelkeit in ihr auslösen.

Wahrscheinlich hätte sie sich dann auch schon erbrochen.

Sie konnte nichts tun, nur abwarten was passieren würde, wenn die Fähre anlegte und sie am Zielort angekommen waren.

Sie war völlig auf sich allein gestellt, gefesselt zu keiner Bewegung mehr fähig.

Aber sie würde sich wehren bis zum letzten Atemzug, sie musste versuchen Zeit zu schinden.

Die Frau hatte kränklich und schwach gewirkt, es war niemand bei ihr gewesen.

Also hatte sie nur vielleicht einen Komplizen am Zielort.

Wer konnte sie sein?

Leider hatte sie in dem kurzen Augenblick auch nicht auf die Augen oder die Gesichtszüge ihrer Entführerin geachtet.

Sie war einfach nur in Sorge gewesen, es war eine raffinierte Falle, die ihr da gestellt worden war.

Gutherzigkeit und Hilfsbereitschaft die einfach bei jedem den Impuls zu helfen auslösen würde.

Nun gut, sie würde weitersehen, wenn sich der Kofferraum öffnete und sie dem Feind gegenüber stehen musste…

Kampflos würde sie niemals aufgeben.

Rika war für wenige Sekunden eingedöst und versuchte all ihre Kräfte zu mobilisieren, sie fühlte sich schwach und hätte am liebsten geschlafen, aber das würde sie nun nicht weiterbringen.

Sie musste wach bleiben und auf der Hut sein.

Vor fünf Minuten hatte sie gespürt und an der sich verändernden Geräuschkulisse vernommen, dass die Fähre nun anlegte.

Ein leichtes seitliches Wummern hatte ihr gezeigt das sie angedockt hatten und die Entladeflächen ausgefahren wurden.

Sie war schon oft auf Autofähren gewesen, kannte die Geräusche und Abläufe zum Entladen genau.

Mehrere anspringende Fahrzeuge und ein hier und da aufheulen der Motoren war zu vernehmen.

Jetzt müsste jeden Moment auch ihre Entführerin wieder ins Fahrzeug steigen, um das Schiff zu verlassen.

Die Anspannung in Rikas Körper stieg, ihre Nerven vibrierten.

Die Wagentür wurde geöffnet und jemand stieg ein.

Sie hörte eine weibliche Stimme, die vor sich hinmurmelte und lag regungslos unter ihrer Decke.

Die Erinnerung sagte ihr das die Scheiben des dunklen SUVs schwarz getönt waren und niemand sehen würde, wenn sie sich aufrichtete.

Sie musste die Kraft haben nach vorne zu robben und sie hatte komplett den Orientierungssinn verloren, es schien ihr zu riskant.

Dieses Abwarten und Lauern zermürbte sie völlig.

All die Fragen, die sie stellen wollte, aber nicht konnte, zur völligen Untätigkeit verdammt.

In ihrer Hoffnung war Paul schon vor Ort oder die dänische Polizei, vielleicht würden sie Kontrollen machen am Fährhafen, dann würde man sie sofort finden.

So verrannen die Sekunden, in denen sie nichts sah und sich nicht bemerkbar machen konnte.

Jetzt rollte der Wagen an, sie holperten über die Laderampe, es ruckelte und sie spürte, wie die Kabelbinder schmerzhaft in das Fleisch an den Handgelenken schnitten.

Ein letzter Ruck und sie waren von der Rampe im Hafen, der Wagen hielt abrupt an.

„God dag, ma jeg se dine papirer?"

Die Stimme klang symphytisch, aber Rika verstand kein dänisch, sie nahm an man wollte die Fahrzeugpapiere sehen.

Das Handschuhfach wurde geräuschvoll geöffnet und eine weibliche Stimme fing an zu sprechen.

„Was ist denn hier los?

Warum machen sie Fahrzeug Kontrollen?

Ich will nach Hause nach Tagolm, sowas hatte ich hier noch nie?"

Die Stimme klang verärgert und Rika konnte hören das irgendwie im Fahrzeug hantiert wurde.

„Danke für ihr Verständnis.

Entschuldigung Frau Nielsen, wir suchen nichts bestimmtes, dann hatten sie Glück bis jetzt.

Die dänische Polizei macht immer wieder Stichkontrollen.

Waren sie auf Sylt?

Dann willkommen zuhause und eine gute Fahrt weiterhin!“

Warum wollten sie nicht in den Kofferraum sehen?

Wussten sie nicht, dass sie hier drinnen lag, was war da los?

Nein sie wussten es nicht, Verzweiflung machte sich in Rika breit.

Paul wusste nicht, dass sie hier auf Römö war.

Tränen stiegen in ihren Augen hoch, sollte sie versuchen zu schreien oder die Decke irgendwie wegstrampeln?

Aber sie fühlte sich gelähmt, zu schwach, um sich zu wehren.

Ihre Hoffnung schwand mit jeder Sekunde.

„Nichts für ungut, ich war nur verwundert, mein Mann Magnus hat immer gesagt… die Polizei tut auch nur ihre Pflicht!

Hej hej!“

Das Fahrzeug ruckte an und geriet ins Rollen, dann fuhren sie wieder los.

Rika spürte erneut einen Kloß im Hals und wollte aufschluchzen, aber es würde nicht nutzen.

Sie begann zu überlegen, die Stimme, sie hatte sie schon mehrmals gehört, in der Vergangenheit.

Es lag mehrere Jahre zurück, Nielsen, der Name Nielsen.

Magnus Nielsen…

Nach einigen Sekunden wusste sie es, wie der Blitz schoss die Erkenntnis durch ihren Kopf.

Magnus Nielsen und seine Frau Rabea Nielsen, daher kannte sie die Stimme.

Ein uralter Fall aus ihrer Kieler Zeit, Magnus hatte in der Kieler Szene überall seine Finger mit drin.

Nun fiel ihr der ganze Fall wieder ein, die Verhaftung, die Drohungen seiner Frau dabei.

Auch nach seinem unverhofften Selbstmord hatte die Frau gedroht, sie hatte Haverbeck beschimpft und aufs übelste beleidigt, aber da war er schon außer Dienst, durch den Tod seiner Frau Sarah.

Rika erinnerte sich nur zu gut wie sie zwei Tage nach dem Tod ihres Mannes im Kommissariat erschienen war und rumgeschrien hatte.

„Ich werde euch alles nehmen, so wie ihr mir alles genommen habt!

Ihr werdet schon sehen!“

So oder ähnlich war der Wortlaut damals, Rika erinnerte sich nicht mehr genau.

Sie hatte irgendwie die Verzweiflung und Trauer der Frau verstanden, es als momentane Wut abgetan, ausgelöst durch ein traumatisches Ereignis.

Schlimmer noch, sie hatte die Drohung nicht ernst genommen, sie komplett verdrängt und vergessen.

Das Ganze lag nun acht Jahre lang zurück, sie verschwendete damals keinen weiteren Gedanken daran, da Magnus Nielsen ein Verbrecher der ganz üblen Sorte gewesen war.

Von Drogenhandel über Prostitution inklusive Menschenhandel war alles dabei gewesen.

Nur dem Zufall war es geschuldet das damals Steuerfahnder Drogen bei einer Durchsuchung in der Villa in Kiel gefunden hatten.

Bis heute hatte sie den Fall komplett vergessen, Rabea Nielsen aber anscheinend nicht.

Wie aber passte die junge, tote Polizistin Dörthe Dorfberger ins Bild?

Was hatte die durchgedrehte Frau nun mit ihr vor?

Wollte sie nach so vielen Jahren noch immer Rache?

Das war doch einfach nur Wahnsinn…

Sie musste abwarten, ihrem Gefühl nach befanden sie sich auf einer Landstraße da der Wagen konstant die Geschwindigkeit hielt.

Es war eine Fahrt ins Ungewisse…

Kapitel 7

„Tod und Vergeltung“

Paul und Gerrit standen an der Reling, während Hinnerk wie ein Raubtier im Käfig hin und her lief und versuchte seinen dänischen Freund zu erreichen.

Als am anderen Ende das Gespräch angenommen wurde drängelte Hinnerk sich schnell zwischen seine beiden Kollegen, schaltete den Lautsprecher ein.

Die Stimme von Pedersen hallte aus dem kleinen Handy.

„Sie macht einen fahrigen, aggressiven Eindruck.

Eure Rika liegt im Kofferraum, sie hat sich bewegt, ich wollte den Wagen rausziehen, aber es waren so viele Fußgänger, ich hatte Angst das sie in Panik verfällt und in die Menge rast.

Wir sind hinter ihr auf der Landstraße, sollen wir sie nun stoppen?

Ich habe auch vier Beamte an ihrem Haus, sag ein Wort und ich beende das sofort!“

Pedersens Stimme klang entschlossen, er würde sich komplett nach ihnen richten.

Hinnerk schaute zu Paul hinüber, der schüttelte den Kopf.

„Wartet, bis wir da sind, wir legen gleich an.

Vielleicht bekommen wir es ohne Verletzte hin, ich will ihre Beweggründe kennen.

Sie scheint völlig gestört zu sein.

Schickt uns den Standort und bleibt ruhig, greift wirklich nur ein, wenn es gefährlich wird.

Rika ist eine erfahrene Beamtin, sie wird einen klaren Kopf behalten!"

Noch während Paul diese Worte aussprach fragte er sich, ob er recht behalten würde.

Er hoffte das Rika unverletzt war und ihren scharfen Verstand einsetzten würde, auch wenn es eine gefährliche Ausnahmesituation war.

Er wusste das sie eigentlich immer kühl und klar blieb, analytisch alle Eventualitäten durchkalkulierte.

Vielleicht wusste sie schon, wer ihre Peinigerin war, hatte sich erinnert, dann würde sie eventuell die Situation deeskalieren können.

Trotzdem war ihm speiübel, was zum Teil auch an der Fähre lag, aber die Sorge um Rika überstieg alles.

Die Angst das diese Verrückte Rika etwas antat überlagerte seine kompletten Gedanken, hoffentlich war es die richtige Entscheidung, zu warten.

Den dänischen Kollegen das Ruder zu überlassen wäre einfacher gewesen, aber er wollte diese Entscheidungen nicht aus der Hand geben.

Der Hafen von Römö war schon zu sehen, es würde nicht mehr lange dauern.

Die drei Männer liefen angespannt auf den dunklen Audi zu, jeder von ihnen hatte nun ein ungutes Gefühl im Bauch.

Fynn Pedersen saß mit seinem Kollegen in einem Zivilfahrzeug und hielt Abstand zu dem dunklen Volvo vor ihnen.

„Wo will sie hin?

Das ist nicht der Weg zu ihrem Haus, was hat sie vor, wenn sie auf den Strand will, können wir nicht hinterherfahren, wir würden auffallen!"

Der junge Kollege von Fynn fuhr sich gestresst durch die kurzen Haare.

Pedersen wurde langsam nervös, eigentlich wollte er am Hafen schon eingreifen, eine Polizistin war in Gefahr, da war es ihm eigentlich egal ob es eine deutsche Beamtin war oder eine dänische Polizistin.

Aber die Situation hatte es am Hafen in Havnesby nicht zugelassen, er hätte zu viele Menschenleben gefährdet.

Nun musste er auf seinen deutschen Freund warten und zusehen das die Situation entspannt blieb,

es konnte nicht mehr lange dauern.

„Da, sie biegt zum Strand ab, ich habe sowas geahnt.

Ich könnte kotzen, aber gut wir parken und gehen zu Fuß, der Wagen von ihr ist schwer, sie wird nicht weit im Sand fahren.

Los. Komm… wir müssen dranbleiben!“

Pedersen hing am Funkgerät und beorderte seine Kollegen, die an der Nielsen Villa postiert waren zum Strand.

Beide Männer stiegen aus und rannten den Dünen Weg entlang, hier stand der schwarze Volvo, der Kofferraumdeckel war weit geöffnet…

Von beiden Frauen war nichts zu sehen außer

Fuß -und Schleifspuren im Sand.

Fynn fragte sich wie diese zierliche, krank aussehende Frau aus dem Volvo mit einer Geisel fertig wurde die vielleicht auch grösser und schwerer war, sie musste bewaffnet sein.

Sie würden Vorsicht walten lassen müssen, vielleicht hatte sie einen Revolver.

Jetzt sahen sie die beiden Frauen am Wasserrand entlang gehen.

Die deutsche Beamtin schien tatsächlich aus Fynns Sicht grösser und kräftiger zu sein, jedoch sah er von weitem, das ihre Hände auf dem Rücken zusammengebunden waren.

Sie schien auch eine Fußfessel zu tragen, da sie nur kleine Schritte machte.

Rabea Nielsen ging hinter ihrem Opfer her und bohrte irgendeinen Gegenstand in den Rücken von Rika Joken.

Wenn er nur sehen könnte, was es wäre, Messer oder Revolver oder ein Taser?

Jetzt sah er einen Gegenstand in der anderen Hand von Rabea, es war so etwas wie ein Säbel.

Matt schimmerte die Schneide im fahlen Licht des bewölkten Himmels.

Eine Schlechtwetterwand kam vom Festland auf.

Dichte, dunkle Wolken, die unheilverkündend über den Himmel zogen.

Der Strand war menschenleer, nur das Heulen des Windes war zu hören und das Klatschen der Wellen. Die beiden Frauen blieben stehen, sie schienen zu reden, Fynn konnte gar nichts verstehen, er versuchter hinter dem Dünen Kamm zu bleiben. Nichts tun was provozieren könnte, oder die Situation zur Eskalation provozierte.

Die beiden dänischen Polizisten hörten ein Auto ankommen und das Klappen von Wagentüren.

„Die Deutschen sind da, ich hoffe unsere Truppe kommt auch gleich!

Es ist an der Zeit einzugreifen, wir gehen näher ran!“

Mit diesen Worten wandte er sich an Paul, Gerrit und Hinnerk die auf ihn zugelaufen kamen.

Sie bummelten auf die Sandfläche wie eine Truppe Touristen, die sich den Strand ansehen wollten, fünf Männer rückten immer näher an die beiden Frauen am Wasser Rand heran.

„Stopp, kommt bloß nicht näher!“

Rabea Nielsen schrie ihnen die Worte entgegen.

„Ich bringe sie um, so wie die andere!

Ich, habe nichts mehr zu verlieren, ihr schon!“

Sie lachte hämisch…

Der Wind hatte an Fahrt aufgenommen, es würde gleich zu regnen anfangen, die Wellen wurden unruhiger und immer höher.

Sand wirbelte hoch und Rika stand schwankend am Wasser.

Ihr Gesicht war blass und ihre Züge unbeweglich.

Paul spürte eine unendliche Erleichterung sie unversehrt zu sehen, nun mussten sie die prekäre Situation schnell entschärfen, damit es keine Verletzten gab, an der Düne erschien grad ein dänischer Polizeijeep, vier uniformierte Beamte stiegen aus und kamen auf die Gruppe am Wasser zu.

„Lasst mich! Es geht hier um mich, sie will mir schaden!“““

Paul hob nun die Hand, bedeutete den anderen stehen zu bleiben, ging langsam auf Rabea zu.

„Rabea, es tut mir leid.

Alles, was damals passiert ist, dass sich niemand um sie gekümmert hat, dass sie in all den Jahren allein waren, es tut mir leid.

Wenn ich es könnte, würde ich alles ändern, so das Magnus noch hier wäre.

Wir haben nie herausgefunden, warum er sich umgebracht hat.

Glauben sie mir, ich weiß, welchen Verlust sie erlitten haben, auch meine geliebte Frau ist bei einem Unfall ums Leben gekommen. Ich weiß in was für eine bodenlose Tiefe man stürzt, wenn einem der geliebte Partner genommen wird.

Ich bin unbewaffnet, lassen sie uns reden!"

Er hob beschwichtigend die Hände und ging weiter langsam auf Rika und Rabea zu.

Der Wind zerrte an der Kleidung und den Haaren, er fühlte die Feuchte der Nordsee auf seiner Haut und im Gesicht.

„Das ich nicht lache, Verständnis von eurer Seite aus, da schüttelt es mich vor Lachen!"

Sie spuckte ihm förmlich die Worte entgegen, ihr Gesicht war zu einer Teufels Fratze verzerrt.

Ausgemergelt Züge, die Augen tief in den Höhlen.

„Wie fühlt sich das an, wenn einem alles genommen wird.

Der Körper wird taub und der Geist verkümmert vor Verzweiflung.

Aber du kennst das ja, nach dem Tod deiner Frau.

Ich habe dich beobachtet, mich an deinem Kummer geweidet.

Ich war das, ich habe die Bremsen an dem Auto damals manipulieren lassen, du solltest am eigenen Leib erfahren, wie es sich anfühlt, der Schmerz, die Einsamkeit, die Verzweiflung…

Es hat mir gut getan dein Leid zu sehen, die Tränen am Grab die du vergossen hast…

Aber deine Trauer hat ja nicht lange angehalten, du hast dir ja auf Sylt gleich einen ganzen Harem angeschafft!“

Wieder dieses hämische Kichern…

Paul war bei ihren Worten blass geworden, er hatte immer vermutet das der Tod seiner Frau kein Zufall gewesen war, hier die Gewissheit zu bekommen, schockierte ihn zutiefst.

Übelkeit machte sich in seinem Bauch breit, er sah Rika in die Augen, sie wirkte konzentriert, wenn auch ihr Gesichtsausdruck gequält war.

„Mein Magnus wurde getötet in euren Gefängnissen, ihr habt es zugelassen, habt nie nachgeforscht.

Da habe ich dir auch alles genommen, so wie ich es jetzt weiter tue.

Du scheinst dir immer extrem dumme Frauen auszusuchen, beide konnte ich ohne Probleme überwältigen.

Dieses junge Flittchen habe ich erst für deine Tochter gehalten, bis ich dahinter gestiegen bin, wer die eigentliche Frau deiner Wahl ist.

Welch ein Zufall das dieses arrogante Stück von damals deine Wahl ist.

Da schmeckt meine Rache noch viel, viel besser.

Wir sind dann quitt, ich werde nie wieder glücklich sein, du sollst es auch nicht.

So habe ich es mir damals schon geschworen!"

Mit diesen Worten hob sie den Säbel über ihren Kopf…

Dann ging alles schnell, im Bruchteil einer Sekunde.

Paul hechtete mit einem Sprung auf Rika zu, um sie zu Boden zu werfen, es gab einen lauten Knall und Rabea Nielsen wirbelte einmal um die eigene Achse.

Dann sank sie in die aufspringenden Wellen und blieb reglos liegen.

Haverbeck war halb auf Rika gelandet, und schaute in ihr Gesicht.

„Rika, alles in Ordnung. Sag doch was!"

„Du brichst mir die Handgelenke!"

Stöhnend wand sie sich unter ihm hervor.

Er rollte sich von ihr hinunter und schaute zu seinen Kollegen herüber.

Fynn Pedersen hatte seine Dienstwaffe sinken lassen und machte einen schockierten Eindruck.

Paul kannte das, auf jemanden zu schießen war nie einfach, auch wenn es zur Rettung eines oder mehrerer Leben führte.

Gerrit hockte halb im Wasser und gab Fynn Handzeichen, sie lebte anscheinend noch.

Das war gut, so würde es die Seele des jungen dänischen Beamten nicht belastet, dass er jemanden getötet hatte.

Die Ereignisse hatten sich überschlagen.

Gott sei dank war es vorbei…

Kapitel 8

„Sündige Abgründe“

Zwei Tage später im Garten der Villa Hügel in Klein-Morsum.

„Es ist nicht zu fassen, dass ihr den Fall letztendlich mal wieder aufgeklärt habt.

Wer wäre jemals darauf gekommen, dass Paul die Ursache für alles war.

Wir hätten endlos in Dörthes Vergangenheit gestochert.

Gut, Rikas Entführung warf natürlich ein völlig anderes Licht auf den ganzen Tathergang!“

Hinnerk schmatzte und legte sich erneut ein Stück Himbeer-Sahne Torte auf den Teller.

Es war einer jener Spätsommertage, in denen man den Herbst schon roch und es mit der Dämmerung feucht kühl wurde.

Sie saßen alle um den langen Gartentisch, Gerrit und Lene bewunderten den wunderschönen verwunschenen Mini-Park.

Gestutzte Hecken und in Form geschnittene Bäume, viele Spät-Blüher die alles in einer Farbenpracht erleuchten ließen, wetteiferten mit dem Anblick des antiken, glitzernden Gewächshauses.

Adele und Hetty hatten sich bei dieser Kaffeetafel mal wieder selbst übertroffen und die kleine

Gesellschaft genoss gerade die Gastfreundschaft der beiden alten Damen.

Torten, Gebäck und Kuchen wurden herumgereicht, die Stimmung war nicht ausgelassen, aber freudig.

Rika hatte sich in eine warme Jacke gepackt, seit dieser unleidlichen Geschichte fror sie, als wenn es schon tiefster Winter wäre.

Aber auch die beiden ehemaligen, rüstigen Lehrerinnen hatten sich in warme Kleidung gepackt, da die Temperaturen nicht mehr über 18 Grad stiegen.

Hetty beobachtete jeden einzelnen und forderte immer wieder auf tüchtig zuzulangen.

Schließlich hatten sie und ihre Schwester die letzten zwei Tage damit verbracht ihre Back Künste zu pflegen.

Adele ergriff das Wort.

„Da wir euch ja den Hinweis gegeben hatten, würde ich gerne jetzt erfahren, wie der ganze Zusammenhang der Geschichte war.

Ich gebe nichts auf die Klatschgeschichten in den Zeitungen, da wird immer alles nur maßlos aufgebauscht.

Da geben Hetty und ich nicht viel drauf, außerdem möchte ich gerne wissen, wie es dem armen jungen Januschek geht?

Er war doch mit der Kleinen liiert, wie man so schön sagt!“

Paul räusperte sich und wischte sich den Mund mit seiner Serviette ab, wenn er weiter essen würde, musste er morgen ohne Gürtel gehen.

Rika nahm noch ein Stück von der Apfeltorte und wollte Paul das Reden überlassen.

„Tja, da muss ich weit ausholen, ich bin noch immer völlig fassungslos was für eine Kette von Umständen zu all dem Schlamassel geführt hat.

Niemand bringt uns jemals Dörthe und Sören zurück, wir haben ihn erst mal in eine Reha Maßnahme geschickt, er will den Polizeidienst verlassen, was ich durchaus verstehen kann.

Rika und ich haben Ähnliches erlebt, wie er und auch wir hatten die Momente den Dienst quittieren zu wollen.“

Liebevoll blickte er sie an und ergriff nun ihre Hand.

Es lagen zwei belastende Tage hinter ihnen, in denen viele Geheimnisse zutage gekommen waren und sich aber auch der ein oder andere Tathergang geklärt hatte.

„Wer konnte ahnen das eine Frau alleine so viel Unheil anrichten kann und sich der Persönliche Hass so auf mich fokussiert?

Ich habe ihren Mann zwar damals verhaftet, aber weder gegen ihn ausgesagt noch sonst irgendetwas dazu beigetragen.

Genauso wie Rika, sie trägt ebenso wenig Schuld daran.

Jetzt, im Nachhinein hat sich herausgestellt, dass er in der Haft umgebracht worden ist.

Die Umstände sind noch nicht gänzlich geklärt, aber es steckt wohl das organisierte Verbrechen dahinter und viele Schmiergelder sind geflossen, um Magnus Nielsen in Haft umbringen zu lassen.

In der nächsten Zeit werden wohl in Kiel ein paar Köpfe rollen…

Es schockt mich das wegen mir eine so wundervolle, lebenslustige Beamtin und Freundin ermordet wurde.

Wir werden sie niemals vergessen, im Herzen wird sie immer bei uns sein.

Was bewegt einen Menschen dazu so zu hassen, dass man zwei Menschenleben auf dem Gewissen hat?

Meine Frau Sarah, auch da wurde geschlampt, es wurde als Unfall eingestuft …“

Hier brach er ab und starrte traurig auf seinen Teller.

„Nun ja, mein Junge.

Einsamkeit, einfach nur Einsamkeit.

Ich bin froh, dass Hetty und ich zu zweit sind.

Aus Einsamkeit kann man seltsam werden, kann Gefühle nähren die besser in den tiefen Abgründen unserer sündigen Seelen vergraben bleiben.

Die Familie hat sehr gelitten unter den Todesfällen der Mutter und des Bruders.

Der alte Eggen war schon immer komisch, daran erinnere ich mich gut.

Aber nach diesen Todesfällen wurde er ein regelrechter Einsiedler.

Überall witterte er Verschwörungen, unter diesen Umständen ist Rabea erwachsen geworden.

Die bunte Welt des Glamours und der High Society in Kiel, in die Magnus Nielsen sie herangeführt hat, war für sie wahrscheinlich ein völliger Kulturschock.

Ich habe mal ein bisschen rumgehört, sie war gerade 18 Jahre alt, er 42, als sie sich kennen lernten.

Er vergötterte sie, hielt alles von ihr fern, machte sie zu seiner Schöpfung.

Sie hatte die letzten Jahre in der Familie keine Liebe bekommen, das arme Mädchen.

Wie ausgehungert sie gewesen sein musste.

Ein leichtes Opfer für so eine schillernde Persönlichkeit im öffentlichen Leben, wie dieser Magnus.

Sie war ihm wahrscheinlich hörig, als sie ihn verlor, war ihre Trauer endlos.

Sie benötigte etwas, was sie am Leben erhielt, wofür sie aufstehen musste, essen sollte...

Der Hass gab ihr Halt...

Da ist sie nicht die Erste und nicht die Letzte, der soetwas passiert!“

Adele endete und alle Augenpaare waren auf sie gerichtet.

„Du hast wie immer mal Recht, Adele.

Das arme Mädchen, verloren im Geist.

Sie ist in einer psychiatrischen Anstalt, wo sie auf ihre Prozessfähigkeit geprüft wird.

Das habe ich aus der Zeitung!“

Hetty zwinkerte Paul zu.

„Ich hoffe das war der letzte Mord in meiner Laufbahn als Oberkommissar, es wird mir einfach langsam zu viel.

Gerrit, manchmal frage ich mich wie du das schaffst, immer wieder Mord und Todschlag, auch du Lene.

Ich bewundere euch wie ihr das so wegsteckt, wahrlich beneiden tu ich euch nicht um diesen Beruf.

So viel Kummer und Grausamkeit die ihr seht!“

Nun äußerte sich Lene, nachdem sie einen Schluck Kaffee genommen hatte.

„Weißt du Paul, Gerrit und ich geben den Toten einen Namen, finden die Umstände des Todes heraus, helfen die Täter zu fassen.

Ja, es ist grausam, aber auch erfüllend, dass wir versuchen, jedem Opfer Gerechtigkeit zukommen zu lassen!“

„Das hast du schön gesagt, mein Schatz!“

Gerrit lächelte ihr zu.

Ende

Nachwort

Danke an alle meine Leser, die mir immer neue Ideen, wie positives Feedback geben und mich anspornen.

Nach über zwei Jahren ist ein neues Buch entstanden dessen Geschichte zu spinnen sehr viel Spaß gemacht hat.

Meine Protagonisten sind zu Freunden geworden, die ich jederzeit vor mir gesehen habe.

Einen besonderen Dank hat sich meine „Beste“ Yvi verdient die mich immer aufbaut, wenn ich am Boden bin.

An meinem Liebsten, den ich zwar selten sehe, aber ohne seinen Ansporn wäre dieses Buch nicht so schnell entstanden.

Danke das du immer an mich glaubst…

Love you…

Wer Paul Haverbeck und seine Freunde näher kennenlernen möchte, sollte auch die Kurzgeschichten in „Zeit der Möwe“ lesen.

Dieses Buch ist auch im Rediroma-Verlag erschienen und überall im Handel erhältlich.

Außerdem erhältlich:

Zeit der Möwe

10 Mord(s)geschichten von der Nord- und Ostseeküste. Helgoland, Wilhelmshaven, Greetsiel, Jever, Norden, Sylt und Fehmarn sind dabei.
Blickt mit in die Abgrümde der menschlichen Seele, die an Bösartigkeit nicht zu übertreffen ist. Liebe, Eifersucht und Habgier ... Die ältesten Motive der Welt ... Und doch immer wieder spannend für uns alle ... Rätselt und fiebert mit, genießt ein paar spannende Stunden in einer anderen Welt. Dort, wo das Böse zuhause ist.

Der Kugelsammler

Wenn du dich in Sicherheit wiegst, dann wird das Böse Einzug halten. Die gequälte Seele ist unergründlich und öffnet das Tor zur Hölle ... So kommt es, dass in einer Stadt das Böse beginnt ... Die Grausamkeit der Taten lässt uns bis ins Innere erschauern. Dann folgt die Erkenntnis: Leidenschaft ist in Wahnsinn umgeschlagen. Ein Serienmörder ist geboren ... mitten im schönen Ruhrgebiet.